En couverture : Le village de Cateri.
Double page précédente : La luxuriante et féconde Balagne avec ses villages étagés sur les collines comme autant d'invitations.

Correction : Anne Desmier (09), Correctif (92).

10, rue des Arts
BP 38028
31080 Toulouse Cedex 6

ISBN : 2-7089-1734-X
Dépôt légal : octobre 2006

LES VILLAGES CORSES

Christophe Lefébure

ÉDITIONS
Privat

N
CAP CORSE
Île de Capraia
Centuri
Rogliano
Pino
Nonza
Erbalunga
Sisco
BASTIA
Italie 100 km
MER MÉDITERRANÉE
Sant'Antonino
Pigna
Corbara
Lumio
Algajola
Aregno
Belgodere
CALVI
Ota
Cateri
Lama
Montemaggiore
Cassano
Speloncato
Calenzana
Vallica
Asco
Oletta
Murato
Venzolasca
Vescovato
Loreto-di-Casinca
Morosaglia
Piazzole
Penta-di-Casinca
La Porta
Saliceto
Felce
Croce
Piedicroce
Bustanico
Tralonca
Soveria
Fango
Golo
Corscia
Calasima
Calacuccia
Casamaccioli
CORTE
Sermano
Girolata
Evisa
Piana
Guagno
Vico
Cargèse
Venaco
Pancheraccia
Vivario
Vezzani
Antisanti
Tavignano
Ghisoni
Aleria
Marseille 300 km
Bocognano
Calcatoggio
Ucciani
Gravona
Alata
Bastelica
AJACCIO
Îles Sanguinaires
Sainte-Marie-Siché
Taravo
Zicavo
Zevaco
Solenzara
Pila-Canale
Aullène
Quenza
Zonza
Sollacaro
Olmeto
Serra-di-Scopamène
Lévie
Sainte-Lucie-de-Tallano
Fozzano
SARTÈNE
L'Ospedale
PORTO-VECCHIO
Ortolo
MER TYRRHÉNIENNE
Monacia-d'Aullène
BONIFACIO
Île Cavallo
0
50 km
Haute-Corse
Corse-du-Sud

« Corse, ce chant d'amour aux horizons marins,
aux villages déployant leur calme majesté. »
(Prosper Mérimée, *Notes d'un voyage en Corse*)

Avertissement au lecteur :
cette carte n'est pas exhaustive,
se référer à l'index p. 141
pour une liste complète
des villages traités dans cet ouvrage.

Double page suivante :
Soveria, village du Cortenais isolé
sur une crête au milieu du maquis,
là où jadis régnait la vigne.

Sommaire

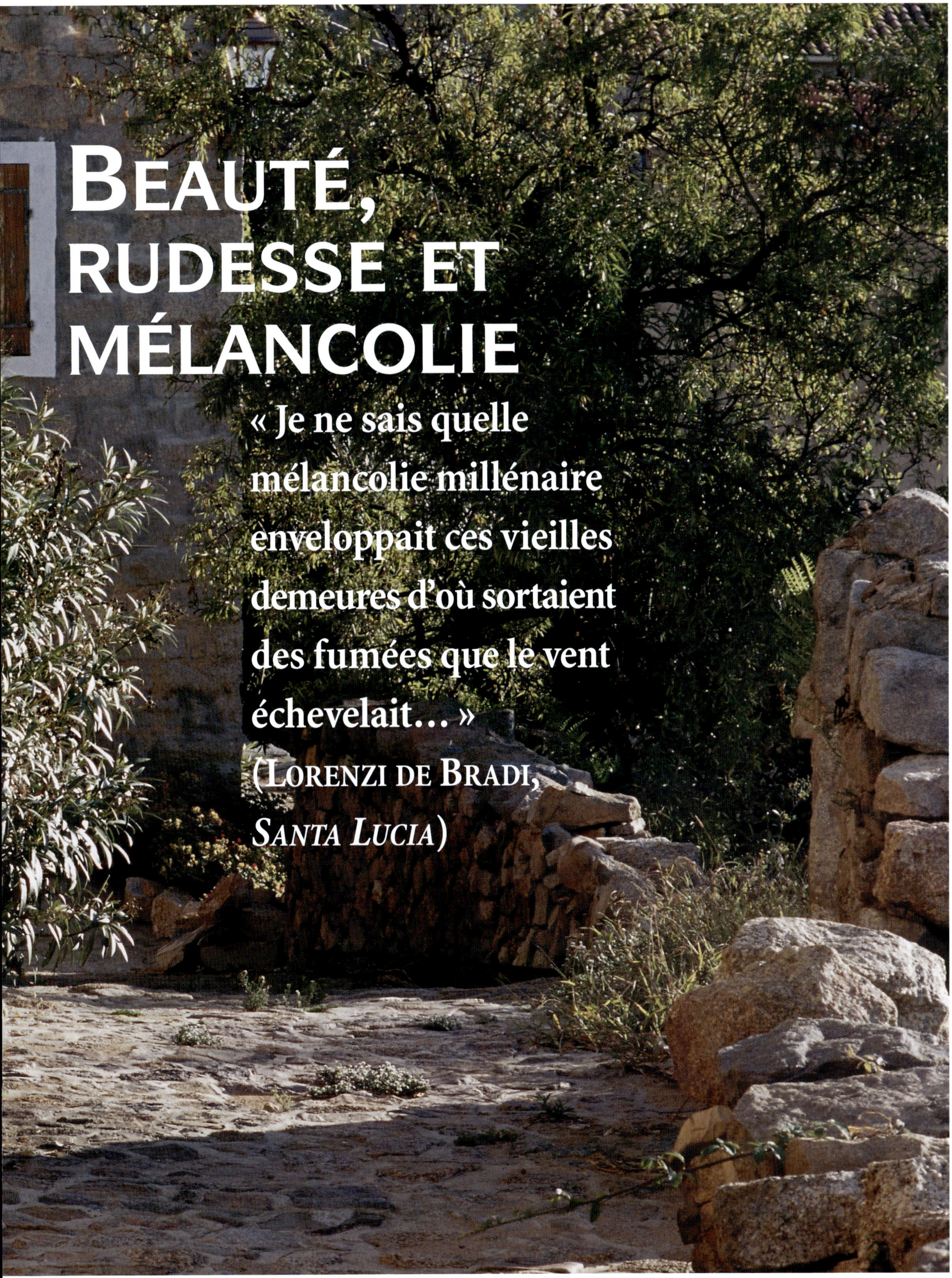

Beauté, rudesse et mélancolie

« Je ne sais quelle mélancolie millénaire enveloppait ces vieilles demeures d'où sortaient des fumées que le vent échevelait… »
(Lorenzi de Bradi, *Santa Lucia*)

C'est une évidence : les villages corses participent à la magie de l'île de Beauté. Leurs noms aux multiples sonorités chantent : Quercitello, Cristinacce, Calcatoggio, Carticasi... Leur seule évocation émerveille : vues de paysages pittoresques ou dantesques, images de pierres et de couleurs passées, sensation de vertige et de plénitude... Ici s'impose la rudesse de la montagne, là règne la douceur de la mer ou des bois ; mais partout s'affirme la même force de séduction. Ils sont là, impassibles, assis sur leur pente, enroulés autour de leur rocher ou étirés sur leur crête. À leur approche se révèle l'omniprésence de l'élément minéral : ces parois de granit et de schiste, ces toits de lauze, ces galets, ces marches usées, ce rocher qui affleure... Tous ces lieux semblent figés dans le temps. On leur donnerait volontiers mille ans. Seuls les câbles électriques et les antennes satellites leur apportent une touche de modernité. Leurs pierres respirent la main de l'homme. Si leur vie n'est plus celle d'autrefois, leurs murs en ont gardé la mémoire.
En effet, les visions et les échos du passé surgissent de toutes parts. Sur les places, on croit toujours apercevoir ces groupes de villageois en pleine palabre. Le canon de la fontaine n'en finit pas de couler, comme pour rappeler la présence de ces silhouettes jadis si familières : « De grandes et belles filles, aux reins élégants, aux mains longues, à la taille fine, singulièrement gracieuses, formaient un groupe auprès d'une fontaine. » (Guy de Maupassant, *Une vie*)
Devant les maisons s'esquisse la belle image des fileuses assises sur leur chaise de paille. Les grelots des moutons et les sabots des mulets résonnent encore dans les venelles. L'église a conservé son lustre et l'on se surprend à guetter la sortie de la messe ou le passage d'une procession. À déambuler dans ces sombres ruelles et à observer ces maisons fortes aux étroites ouvertures, on revit ces heures tragiques, celles où la vendetta embrasait le village. Nostalgie et mélancolie grandissent à chaque pas. Quelques vieilles femmes s'en reviennent du cimetière et l'on croit entendre ce lamento déchirant :

> « Ô mort, que tu es cruelle
> De m'ôter mon espérance !
> Et ma fleur tu m'as ravie,
> Ma parure tant aimée. »

Double page précédente :
Une ruelle du quartier supérieur d'Olmeto.

Page de droite :
Parmi les hameaux de Sisco, celui de Teghje est le plus authentique ; cette appellation fait référence aux pierres et aux dalles de schiste utilisées ici comme matériaux de base.

Une fenêtre s'ouvre, une jolie figure apparaît et c'est presque comme si la seranata versait à nouveau sa douce promesse : « Si tu veux savoir combien je t'aime : tu es autant que ma poitrine, mon cœur et mon âme et, si j'entrais dans le paradis où sont les bienheureux et que tu n'y fusses pas, je m'en irais. »
Aller à la rencontre de ces villages, c'est revenir sur les traces de héros historiques : n'est-ce pas à Bastelica et à Morosaglia que sont nés Sampiero Corso, meneur acharné de la lutte contre les Génois, et Pascal Paoli, le « père de la patrie » ? Flâner à leurs alentours, c'est aussi replonger au cœur d'une civilisation agro-sylvo-pastorale aujourd'hui oubliée. Comme ce jugement du journaliste Paul Bourde, énoncé lors d'une enquête menée dans la seconde moitié du XIXe siècle, paraît sévère : « Les villages corses ont été bâtis par des soldats, non par des agriculteurs. Ils sont très bien aménagés pour la défense et pas du tout pour les travaux des champs. On n'y voit ni granges pour remiser les gerbes et le foin, ni écuries, ni étables

pour les bestiaux » (*En Corse*) ! Mais ces cultures en terrasses, ces bergeries, ces aires à battre le blé, ces séchoirs à châtaignes et ces moulins, même si la plupart se montrent désormais à l'état de tristes ruines, ne témoignent-ils pas de la vie paysanne d'autrefois ? Comment résister à l'appel de ces joyaux ? Esthètes et artistes en quête d'inspiration sont nombreux à succomber à leurs attraits. Prosper Mérimée, Gustave Flaubert, Guy de Maupassant, René Bazin... longue est la liste des romanciers envoûtés par leurs charmes et leur ambiance si particulière. Jean Lorrain, désireux de connaître les tréfonds de l'âme corse, se décide à quitter la douce Ajaccio pour faire le voyage jusqu'à l'inconnu et sauvage Ucciani. Séduit par tant de beautés, André Gide confie dans son Journal : « J'aurais vingt ans de moins, je viendrais m'installer à Ospédale, Cozzano ou Ghisoni, dans la forêt de châtaigniers. » Julien Green se perd dans les ruelles d'Oletta, comme pris de vertige et impressionné à jamais : « Nous suivons une rue qui serpente et se dirige simplement vers le ciel : tout au bout, en effet, il y a le ciel. J'en ai reçu une sorte de choc, mais tout m'a frappé dans ce village étrange et fascinant » (*Journal*). Julien Gracq y retrouve tout ce qui l'attire dans l'architecture des pays méditerranéens : « Ces maisons qui se contractent en largeur et qui fusent en hauteur, ce lacis de boyaux étroits, cette intimité physique compacte et cette sécurité du poing fermé » (*Lettrines*). Bien sûr, les poètes locaux sont nombreux à chanter leurs charmes : Antoine Nicolai, Jacques Muracciole, André Giovanni... Même les chroniqueurs mondains, désireux de faire partager à leurs lecteurs leur coup de foudre, forcent le trait : « Plus de couleur éclate aux façades des maisons d'Olmeto ; de petits volets ménagés au bas des grandes persiennes closes sont soulevés comme des tentes et permettent au regard de plonger dans la rue ; l'embrasure des baies est peinte en blanc, bleu de ciel, jaune, et les croisées, ainsi cernées d'un trait clair, ressemblent à des yeux de clown agrandis par un liseré d'amidon » (Jacques d'Welles, *Six jours en Corse*). Combien de peintres ont fixé la beauté d'Erbalunga et de Soveria sur leurs toiles ? Belgodère inspire Fernand Léger. Jean-Baptiste Bassoul ne cesse de s'exercer à saisir leurs contours complexes : sa représentation de Nonza sera l'un de ses chefs-d'œuvre. Sûrs de leur force, hautains et discrets à la fois, ces villages nous guettent. Ils nous attirent, puis nous retiennent dans leur dédale de richesses. Les connaître, c'est ne plus vouloir les quitter. Et l'on commence à comprendre l'indéfectible lien qui unit le Corse à son lieu natal. Car le village, aussi modeste soit-il, est comme un pays. S'il apparaît parfois austère et sévère, il sait aussi être une terre généreuse et hospitalière. Si l'étranger est de suite reconnu et dévisagé, il est respecté et accueilli, à condition toutefois qu'il ne froisse pas les mœurs et les usages locaux. Il est temps de partir à leur découverte. Respirons leur atmosphère enivrante, revivons leur grandeur passée et aidons-les à conserver leur belle authenticité...

Ci-dessus :
À Lama, village où l'olivier était roi, les meules des nombreux moulins à huile s'activaient.

Page de gauche :
Une sente à « pas d'âne » dans le village de Pigna.

Chapitre 1

UN PAYS NATAL ET UNE TERRE D'ACCUEIL

« De quel pays êtes-vous ? » À cette question, le Corse répondra toujours en citant le nom de son village natal. C'est là que se trouvent ses racines, là que sa famille a toute son histoire. Aussi sévères se présentent-ils parfois, ces villages sont toujours ouverts à l'étranger. Situés au cœur d'un paysage sauvage, sinon hostile, ils apparaissent aux âmes errantes comme une terre de salut.

« Je l'entendis soudain, de ses lèvres de pierre
Qui m'appelait doucement par le nom de mon père
Pour que je sache enfin qui j'étais
Et ce qui me manquait encore
Pour être tout à lui
Pour être tout à moi. »
(A. GIOVANNI, *L'OFFRANDE À LA CORSE*)

Ci-dessus :
Aux abords de Lavatoggio.

Page de gauche :
Cassano et ses jeux de façades...

Double page précédente :
Niché à cinq cents mètres d'altitude, Sant'Antonino semble, depuis la vallée, se confondre avec la roche.

Des villages comme des pays

C'est à l'entrée d'un petit village de Balagne, sur les hauteurs d'Algajola. La route serpente longuement, puis dessine enfin une courte ligne droite. Quelques tombes de part et d'autre de la chaussée puis les premières maisons apparaissent, rayonnantes dans leur bel enduit ocré ou bleuté. Assis sur un parapet de pierre, la casquette vissée sur la tête et le bâton à la main, un vieil homme observe les allées et venues. Quelques automobiles brisent la tranquillité ambiante… Il lance un salut à ceux qu'il reconnaît, un simple geste de la main aux inconnus. Un Klaxon lui répond quelquefois… Bien sûr, il se plaint un peu. Il se souvient de son enfance et de son grand-père. Celui-ci, chaque fin d'après-midi, prenait place ici même. C'était l'heure où les villageois s'en revenaient des cultures d'en bas au pas de leurs mulets. L'itinéraire n'était alors qu'un pauvre chemin rocailleux et chacun s'arrêtait le temps de quelques échanges. Toute la mémoire du village se cache derrière ses yeux. Car ce lieu, c'est sa vie. Jamais il n'a quitté Lavatoggio, sauf pour quelques incursions dans les autres contrées de l'île. C'est ici qu'il est né, dans l'ancestrale maison de famille. C'est dans la petite église qu'il a été baptisé et qu'il s'est marié vingt années plus tard. Ses deux frères ont préféré tenter leur chance dans la marine marchande, sur le continent. Lui n'a jamais voulu partir. Aux horizons lointains et à la douleur de l'exil, il a préféré les champs d'oliviers et la chaleur du bon vieux logis. Ce village, ce sont ses joies et ses peines. Il faut voir son regard briller lorsqu'il égrène ses souvenirs d'enfance : les longues journées dans la petite salle de classe, la chasse du samedi, le départ pour la messe au bras de sa mère… Il faut entendre sa voix se casser lorsqu'il raconte ses amis aujourd'hui disparus : la récolte des olives, les joyeuses assemblées au moulin, les interminables parties de loto…

Et, comme un défi au temps, ce village toujours immuable : la même place, les mêmes ruelles, le même chant de la fontaine, le même son de la cloche… C'est à cette terre qu'il remettra son corps fourbu ; c'est à ce ciel qu'il confiera son âme apaisée. L'absence de descendance, voilà son seul regret. Il se console avec la conviction que ses neveux et ses petits-neveux perpétueront l'union du village et de la famille.

L'attachement au village… tel est l'un des traits essentiels de l'âme corse. Le malheureux obligé de partir sous d'autres cieux emporte avec lui quantité de visions et de souvenirs. Il s'y plongera avec un besoin vital et attendra avec une terrible impatience l'instant du retour,

ce moment où la silhouette familière apparaîtra à ses yeux, où ce parfum le fera à nouveau frémir, où ces ruelles sinueuses accueilleront ses pas… Jamais il n'y a de départ définitif, juste une absence plus ou moins longue. Avant d'appartenir à son île, le Corse appartient à son village. C'est là, dans ce bercail et nulle part ailleurs, qu'il a ses racines. En effet, village et famille vont de pair. D'ailleurs, l'une est bien souvent à l'origine de l'autre. Elle s'est fixée d'abord en un lieu viable puis, au fil des nouvelles alliances et des naissances, elle s'est élargie et de nouvelles bâtisses ont été nécessaires. Ainsi se sont constitués successivement des quartiers, des hameaux et des communes entières. Cela se révèle si vrai que le nom de certaines localités se confond avec le patronyme de la lignée fondatrice. Ainsi en est-il de Muracciole, près de Vivario :

« Muracciole, mon village
C'est un petit, petit village
Aussi charmant qu'il est ancien
Et je ne sais depuis quel âge
Il a mon nom et moi le sien. »
(J. Muracciole, *Mon Village*)

Or, la famille est sacrée. Elle est soudée, elle est un bloc, elle a la force du clan. Elle vit souvent « à feu et à pot », c'est-à-dire qu'elle partage les mêmes murs depuis des générations entières : « Nous déjeunons maintenant dans une maison corse. Une vieille maison seigneuriale qui n'est pas sortie de la famille depuis deux siècles. Les Tavera l'habitent de père en fils ; les aïeux y sont morts, les petits-fils y mourront, les Tavera de l'avenir y sont encore à naître » (J. Lorrain, *Heures de Corse*). Cette demeure sera bien agrandie ou modifiée au fur et à mesure des besoins, mais elle restera toujours indivisible, du moins en apparence ; car si la transmission des biens donne forcément lieu à des répartitions, celles-ci ne s'affichent pas et tous les membres gardent leur place sous le toit parental. L'important est de préserver l'union à tout prix. Nul doute que ce fort sentiment d'appartenance a été renforcé par la structure groupée des villages et par leur enclavement. Nulle part, en effet, on ne trouve de maison isolée dans la campagne. Même lorsque les communes sont éclatées en de multiples hameaux, ceux-ci sont, sauf de très rares exceptions, formés de constructions jointives. Et si la collectivité se compose de plusieurs familles rivales, l'idée d'une communauté attachée à un seul et même territoire est une réalité. Cette impression est renforcée par le visage immuable des bourgades. Elles ne changent pas, ou si peu, au fil des siècles. C'est un aspect qui frappe Julien Green lors de son séjour à Poggio-d'Oletta en 1958 : « En voyant ces rochers sortant de terre sous nos pieds, cette pierre usée et polie par les pas de milliers d'hommes et de femmes, j'ai essayé de voir ces choses par les yeux des gens d'ici. De son enfance jusqu'à sa mort, l'habitant sait qu'il y a une roche de telle forme entre la dernière et l'avant-dernière maison. Rien ne bouge ici, rien n'est nouveau. La maison, c'est du rocher, c'est encore de la montagne. À Paris où tout change et se dérange et se défait, nous ne savons plus où nous sommes et le sol fuit sous nos pieds, mais à Poggio tout est immobile à jamais. Il doit y avoir chez les gens de ce village un sens de l'éternité dont ils ne se rendent pas compte » (*Journal*). Un sens de l'éternité sûrement, mais aussi et surtout un fort sentiment de filiation : leurs pierres gardent la mémoire du passé et tous les habitants ont le sentiment d'appartenir au même sol, à la même souche. C'est que l'esprit de clocher règne ici avec force. Quel village n'a pas été en conflit avec son voisin ?

Ci-dessus :
Depuis son éminence, Belgodère domine la mer et la plaine du Regino.

Page de gauche, en haut :
Castiglione se blottit sous les aiguilles de Popolasca.

En bas :
Muracciole apparaît minuscule face à la rude ligne de crête centrale de l'île.

La vue sur la vallée depuis le hameau de Campodonico : au premier plan se dresse la silhouette de Pie-d'Orezza.

Ne dit-on pas, par exemple, que les gens de Belgodère ne peuvent souffrir ceux de Speloncato ? À Santa-Lucia-di-Mercurio, on appelle « rats » les gars de Tralonca ; en retour, ceux-là se vengent en traitant leurs rivaux de « chats » !

Toutes ces localités se sont longtemps ignorées, enfermées dans leur bel isolement. Se rendre d'un village à l'autre, par la faute d'un relief accidenté et de voies de communication insuffisantes, a longtemps relevé de l'aventure. Chargé par l'Académie des sciences morales et politiques de dresser un état de la Corse, l'économiste Adolphe-Jérôme Blanqui écrit en 1838 : « Le voyageur n'apprend pas sans surprise que cet isolement absolu des villages est tel, que deux communes adossées aux flancs de la même montagne, et séparées seulement par un trajet de quelques heures, demeurent sans communication d'aucune sorte pendant plusieurs années. Toute trace de sentier disparaît entre elles, et il est extrêmement difficile de se retrouver dans ces affreuses solitudes où, durant une journée de marche pénible, on ne retrouve pas une cabane, pas un berger, pas un être vivant. J'ai parcouru ainsi, au prix d'une fatigue extrême, plusieurs localités où notre arrivée produisait l'effet d'une véritable apparition. On examinait avec une curiosité bienveillante nos vêtements, nos armes, nos chaussures, et nous aurions pu nous croire dans quelque région lointaine et inconnue, à voir les longues barbes et la physionomie martiale de ces braves gens » (*Rapport sur l'état économique et moral de la Corse*). Tous ces villages dits « du bout du monde » forment donc des terres à part, des enclaves dont les habitants sont fiers.

Des villages comme des terres promises

Cette fierté est sans doute à l'origine de la légendaire hospitalité corse : « La véritable religion des Corses, c'est l'hospitalité. Nul peuple ne l'exerce avec une cordialité simple et naïve qui lui donne un charme de plus, et qui inspire la reconnaissance et l'affection.

Tout le monde y prend part : dès que le voyageur arrive, il appartient à la commune. Les petits enfants font ses commissions, les grands-parents font son lit, l'autorité publique pourvoit à ses repas. On dirait qu'il y a dans chaque commune un véritable officier de l'hospitalité, chargé de l'exercer au nom de tous, et d'assurer au voyageur recommandé, riche ou pauvre, un souper, un gîte et un bon accueil » (A.-J. Blanqui, *ibid.*). Faire honneur à son village est un devoir impératif et il importe à chacun de bien savoir recevoir l'étranger, « cet autre qui vient de l'ailleurs ».

Et, de fait, chaque localité est une vraie terre d'accueil. Elle s'offre comme un salut au voyageur qui a traversé landes, forêts et hautes montagnes ; une nature belle et grandiose, certes, mais aussi impressionnante et intimidante : « J'errais à travers cette île magnifique avec la sensation que j'étais au bout du monde. Figurez-vous un monde encore en chaos, une tempête de montagnes qui séparent des ravins étroits où roulent des torrents ; pas une plaine, mais d'immenses vagues de granit et de géantes ondulations de terres couvertes de maquis ou de hautes forêts de châtaigniers et de pins » (G. de Maupassant, *Le Bonheur*). À cette nature hostile s'ajoutent parfois des conditions atmosphériques propres à susciter le frisson : « Entre les gorges des montagnes, il y avait des vapeurs bleues et diaphanes qui montaient et qui semblaient se bercer à droite et à gauche, comme de grandes gazes d'une couleur indéfinissable qu'une brise aurait agitées sur le flanc de toutes ces collines » (G. Flaubert, *Pyrénées-Corse*).

Comment ne pas se sentir égaré ? Comment ne pas ressentir l'immensité de sa solitude ? Dans de tels paysages, le village apparaît comme un repère. Il est ce point que le voyageur aperçoit de très loin et qui le rassure. Il est cet abri et ce refuge tant guettés et tant espérés. Les croyances locales l'opposent d'ailleurs à la *campagna*, cet univers sauvage, mystérieux et dangereux. Il se dit que maquis, rochers et bois sont les terrains de prédilection des « chasseurs d'âmes noctambules », ces créatures infernales dont l'unique volonté est de s'attaquer aux vivants pour les précipiter dans l'au-delà. Seuls peuvent s'aventurer dans ces territoires hostiles les bergers, eux qui connaissent tous les secrets de la nature ; les vagabonds, ces êtres un peu sorciers ; les bandits et les chasseurs munis de leurs armes et donc capables de se défendre... Que tous les autres restent sous la protection du village !

Page de gauche :
L'austère et pur Tralonca avec ses hautes façades formant comme des murailles protectrices.

Ci-dessous :
L'une des belles demeures de Pigna.

Chapitre 2

Le choix des hauteurs

Jamais le Corse ne dit qu'il va au village : il y monte ! C'est que le « perchement » est la première caractéristique des villages corses. Les uns ressemblent à des sentinelles, les autres à des nids d'aigle. La toponymie se fait parfois l'écho de cette situation : Lama désignerait une arête rocheuse ; Monticello proviendrait du latin *monticulus*, « monticule »... Pourquoi avoir préféré les cimes aux plaines ? Est-ce seulement pour des impératifs de sécurité ?

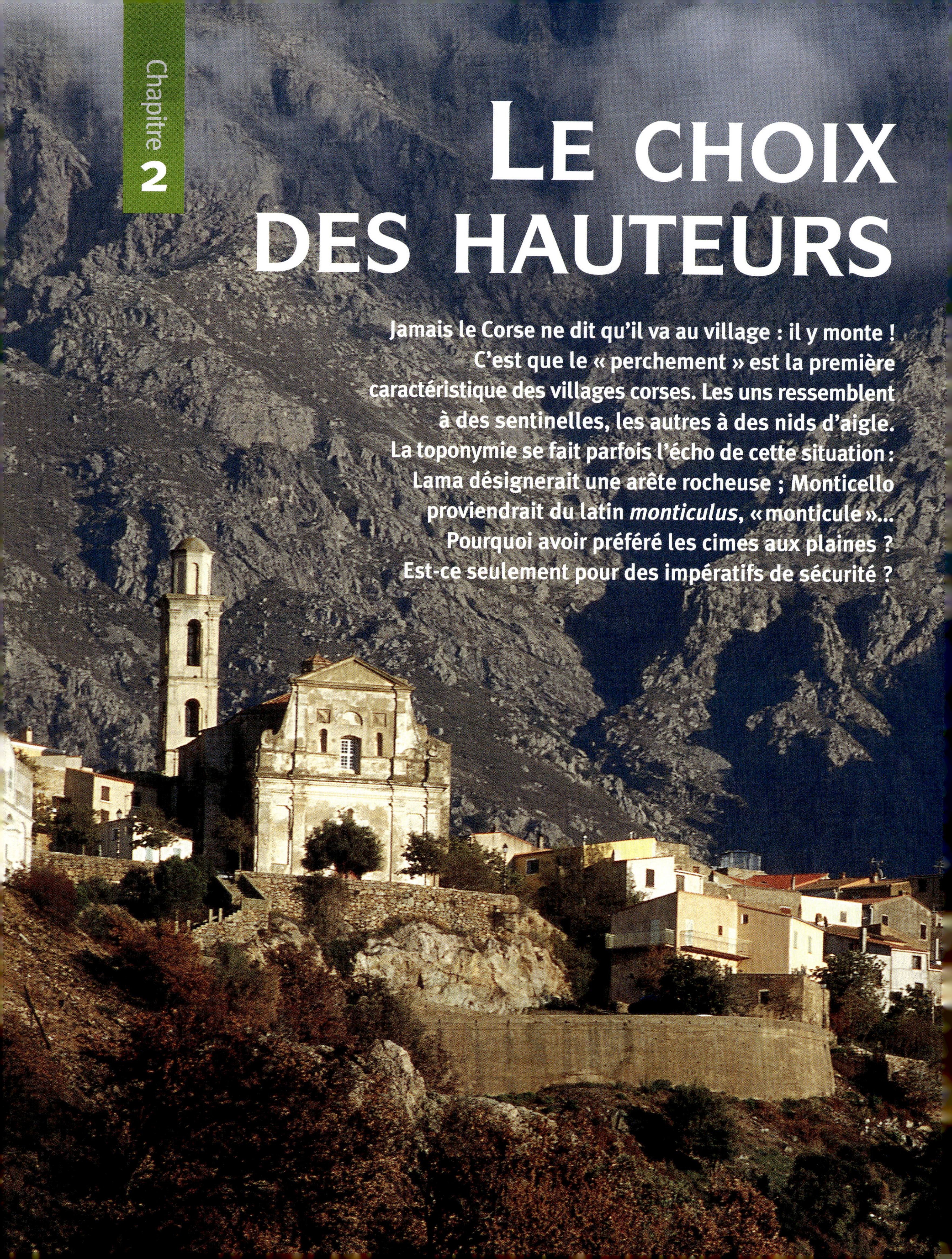

« Au loin des mers d'azur et des riantes îles,
Villages, vous semblez des nids d'aigles sculptés ;
Sur des rocs de granit vous dominez les villes
En un vol grandiose au pays des clartés. »
(A. Nicolai, *Les Villages corses*)

Une exigence défensive

Une terre baignée par la Méditerranée : y a-t-il meilleur site d'implantation pour les populations que le littoral ? Là, elles profiteront des richesses de la mer et pourront facilement pratiquer des échanges avec le lointain. Les plus anciennes ont d'ailleurs été relevées à proximité de la marine de Macinaggio. Grecs et Romains s'installent dans les plaines du littoral et ouvrent des comptoirs : si Aleria et Mariana prospèrent sur la côte orientale, Algajola rayonne sur le bord occidental. C'est dans ces zones, ainsi que dans les hautes vallées, que se concentre alors la majeure partie de la population.
Mais si la mer est nourricière, elle apporte aussi le danger : tout au long de son histoire, la Corse est victime d'invasions. Surviennent d'abord, du Ve au VIIIe siècle, les vagues de Vandales et d'Ostrogoths. Puis arrivent les déferlantes sarrasines. En dépit des efforts de Pépin le Bref et de Charlemagne pour endiguer ces attaques, les Maures, originaires de Tunisie et de Sicile, parviennent à établir plusieurs camps de base sur la bande côtière, ce qui leur permet d'intensifier leurs exactions. Signalons que la toponymie actuelle garde le souvenir de leur présence : Campomoro, Muro, Morsiglia… À la fin du IXe siècle, ils s'emparent de la Balagne, avant que Guido Savelli et ses soldats ne mènent la reconquête. L'accalmie n'est que provisoire, les raids barbaresques sévissant à nouveau au XVIe siècle.
Fuir les plaines, s'enfoncer dans l'intérieur des terres et se réfugier sur les hauteurs, voilà donc l'unique salut pour les insulaires. Très prisés sont les crêtes et les promontoires escarpés. Dès le Ve siècle, les habitants de l'Ostriconi quittent la vallée pour des sites moins exposés. Ainsi naissent Lama, Urtaca et Palasca. Sitôt que les voiles ennemies apparaissent à l'horizon, les populations montent à Sant'Antonino, discret village niché sur son rocher protecteur depuis le IXe siècle. D'importants mouvements migratoires se produisent lors des troubles du XVIe siècle : la plaine balanine est désertée et Calenzana apparaît. Guistiniani, sobre hameau de plaine, se vide d'un coup, et Speloncato s'agrandit. On fuit les abords du golfe de Valinco pour s'abriter à Fozzano ou Sollacaro. On grimpe à Antisanti…
C'est que les éminences présentent des atouts défensifs évidents. Elles offrent un poste d'observation idéal sur les environs, surtout dans ces territoires très accidentés. Alors que les villages ne se voient pas toujours depuis les vallées, le « perchement » garantit une excellente visibilité d'une localité à l'autre. Ainsi, lorsque l'une est assaillie, sa voisine

Double page précédente :
Village niché à mi-hauteur, abrité par l'impressionnante chaîne du Monte Grosso, Montemaggiore est l'un des joyaux de la Corse.

Page de gauche :
Enroulé autour de son rocher, Loreto se niche au pied du Monte Sant'Angelo.

Ci-dessous :
Comme de nombreuses localités de l'île, c'est par son clocher élancé que se signale Pino.

Campodonico, hameau de Castagniccia, s'étire le long d'un éperon rocheux. Faites de schiste et de lauze, ses maisons sont caractéristiques de l'architecture rurale corse.

se met sur ses gardes et ôte à l'ennemi le bénéfice de l'effet de surprise. Naturellement, les emplacements stratégiques sont privilégiés. Omessa surveille discrètement les gorges de la Petraccia, lieu propice à la tenue d'embuscades. Suspendu à un rocher abrupt, Lama commande la vallée de l'Ostriconi et verrouille la route vitale de la Balagne. Et ces villages sont si difficiles d'accès que l'assaillant sera vite découragé. Tel est bien l'avis de cet officier militaire de Picardie, féru d'art de la guerre et séjournant en Corse entre 1774 et 1777 : « La majeure partie des villages de la Corse, surtout ceux qui sont un peu considérables, est située sur des rochers ou des coteaux très élevés et quelquefois si escarpés qu'on a de la peine à y parvenir. »

Sécurité et salubrité

« Ils sont fortifiés si naturellement par leur position que le plus grand nombre exigerait un petit siège pour s'en emparer », poursuit-il. En tout cas, bien téméraires ceux qui oseraient se lancer à l'assaut de tels nids d'aigle ; Jean Gaudin, abbé et vicaire général de Nebbio, s'intéressant aux villages de la Corse profonde, écrit en 1788 : « Souvent ce sont des escaliers réels, taillés dans le roc. Qu'on se figure des maisons de cent à deux cents étages, qu'il faut successivement gravir et descendre, et qu'on juge combien l'on a besoin de chevaux sûrs et exercés. La voie est quelquefois si serrée, que le mulet a bien de la peine à y trouver sa place, et que c'est nécessité de le décharger. Dans quelques passages, son corps et le vôtre restent à demi suspendus sur des précipices dont il n'ose sonder la profondeur. Les deux montagnes, s'engrainant pour ainsi dire l'une dans l'autre par leurs sinuosités, paraissent offrir partout des barrières impénétrables. Il semble qu'on soit arrivé aux bornes de la nature : c'est ici véritablement qu'elle s'offre dans toutes ses horreurs, mais aussi dans toute

sa majesté, soit qu'on considère les masses ou bien les débris qu'elle présente » (*Voyage en Corse…*).
La vocation défensive du « perchement » serait d'ailleurs une spécificité méditerranéenne très ancienne. Elle remonterait au VIe siècle avant J.-C., lorsque les peuplades celto-ligures s'installent sur des promontoires fortifiés, les *castellaras* ou *oppida*, afin d'assurer leur sécurité et celle de leur bétail. Or, les Ligures comptent bien parmi les premiers occupants de la Corse…
Bien que déterminantes, les motivations sécuritaires ne suffisent pas à expliquer cette implantation. Sûr que le relief particulier de l'île a son importance. La forte présence de la montagne ne laisse parfois pas d'autre choix. Et si quelques vallées se montrent accueillantes, d'autres, salubrité oblige, sont à fuir. Dans celle du Taravo, par exemple, les villages ont été établis entre deux cents et cinq cents mètres d'altitude pour échapper aux miasmes des eaux stagnantes. Car la malaria est une réelle menace, surtout dans la plaine orientale. Constituée pour l'essentiel de marais, celle-ci est infestée par le « mauvais air » : « À l'est, entre la chaîne épinière des montagnes et la mer d'Italie, se déroulent et s'allongent des plaines immenses, fertiles comme celles du Brésil, désertes comme elles, incultes malgré leur luxuriante végétation et sillonnées à peine par de rares troupeaux de brebis noires et de pâles et hâves bergers qui tremblent de cette fièvre terrible qui règne en sombre despote sur le littoral du levant depuis Porto-Vecchio jusqu'à Aleria » (P.-A. Ponson du Terrail, *Les Bandits*).

Dans l'ombre du haut village de Sant'Antonino repose Aregno, entouré d'oliviers, d'amandiers et de citronniers. Au loin se profile la baie d'Algajola.

Un héritage du Moyen Âge

Outre ces éléments géographiques, le « perchement » peut aussi être un legs du Moyen Âge. Quelques travaux d'historiens démontrent que les villages perchés sont un héritage du système féodal et naissent de la volonté des seigneurs de mieux encadrer leurs vassaux et d'affirmer leur domination. À ce sujet, les recherches de Pierre Toubert sur le *Latium* italien apportent de brillants éclaircissements ; il étudie le regroupement des populations, jusque-là éparpillées dans la plaine, dans de nouvelles agglomérations généralement perchées. Ce transfert s'opère entre le Xe et le XIIe siècle ; un château est d'abord construit puis, plus tard, un bourg fortifié vient s'établir sous sa protection. Toubert baptise cette concentration de la population autour de la bâtisse seigneuriale du nom d'*incastellamento*, ce que l'historien Robert Fossier traduit par « encellulement ».
Ce regroupement ne se produit pas sous l'effet d'un besoin ponctuel de sécurité face à un péril extérieur ; il s'explique plutôt par l'embellie démographique et économique constatée à cette époque. Le surcroît de population conduit à l'expansion. De nouvelles terres cultivables sont à conquérir. Une réorganisation humaine et agricole s'impose et l'initiative en revient aux seigneurs. En effet, ceux-ci entrevoient rapidement tout le profit qu'ils gagneront à la création de villages perchés : d'une part, les terres fécondes des plaines et des premières pentes seront épargnées par les constructions, d'où un surcroît de richesses ; d'autre part, la protection due à leurs manants gagnera en efficacité. Enfin, ils donneront à leur pouvoir une meilleure assise : cette réunion de la population affermira leur droit de justice et assurera le recouvrement de leurs redevances.
Un tel phénomène serait très plausible en Corse où nombre de villages sont nés à la période médiévale, tel Ortolo dans le Sartenais. Prenons l'exemple de la Balagne : voilà un territoire à restructurer après l'occupation sarrasine ; les seigneurs locaux, après avoir chassé l'occupant, soucieux d'asseoir leur autorité, édifient leurs forteresses sur les hauteurs et incitent les populations à venir s'y regrouper ; les terres cultivables, ainsi laissées libres, leur permettront

de valoriser au mieux leur fief. Quelques ruines de ces *castra* médiévaux sont encore visibles à Speloncato, Belgodère et Montemaggiore.

Blotti sous le Pinzu Sordu, Occhiatana vivait surtout de la culture du ver à soie et de l'olivier.

En quête de terres à cultiver

Préserver les domaines cultivables, telle est bien l'une des raisons du « perchement » des villages corses. Loin de dominer des pics ou des crêtes, nombre de villages s'étagent à mi-pente d'un versant, comme pour être le plus proche possible des zones d'exploitation. Cette implantation répond bien aux exigences de cette société agropastorale : blés, oliviers et arbres fruitiers sont plantés sur de petites parcelles étagées sur la pente, généralement en contrebas des habitations ; au-dessus règnent plutôt les vignes et les châtaigniers. Quant aux terres incultes, elles servent au bétail. Là où l'élevage caprin et ovin est important, n'est-il pas judicieux que l'habitat avoisine les terrains de parcours des troupeaux ? Bâti à mi-flanc, parfois sur un léger replat, il se situe à distance intermédiaire des pâturages d'altitude et de ceux établis dans la plaine. À ce besoin de proximité s'ajoutent les exigences naturelles spécifiques à ces activités. Il est évident que les cultures arbustives et fruitières s'adaptent parfaitement à ces terres élevées, arides et baignées de soleil. De plus, les vergers et les vignes réclament un soin méticuleux ; leur maturité nécessite des années de labeur, notamment pour les oliviers ; il est donc préférable de les étager sur les coteaux, à l'abri des vents, afin d'atténuer les risques de déprédation. Enfin, une telle situation permet l'obtention et le maintien d'une bonne irrigation des parcelles grâce au détournement en amont de rivières et de ruisseaux. D'ailleurs, la question vitale de l'approvisionnement en eau est un facteur explicatif fondamental : de la montagne s'écoulent quantité de sources et le village s'élève comme pour aller à leur rencontre. Le « perchement » apparaît donc comme le résultat d'un compromis entre l'hydrographie, l'ensoleillement et les autres potentialités agricoles et pastorales.

Un frein au développement

Aussi favorable soit-il, le « perchement » a ses inconvénients. À cause de leur accès difficile, les villages connaissent un développement économique limité. Beaucoup sont condamnés à vivre repliés sur eux-mêmes. Aller vendre ses produits dans les localités voisines, c'est parfois une expédition de plusieurs jours à dos de mulet. Cet isolement incite les habitants à produire juste ce qu'il leur faut pour vivre. Pourquoi s'éreinter à produire des surplus s'il est trop contraignant, sinon impossible, de les écouler ? C'est là un problème fondamental à résoudre, et nombre d'observateurs s'indignent de cette situation qu'ils jugent pénalisante autant sur le plan économique que social : « Par une singularité aussi curieuse que déplorable, il s'est trouvé en Corse que tous les villages, sans exception, sont situés sur des hauteurs, où ils apparaissent de loin tout gris, comme des aires d'aigles suspendues aux rochers.

Double page précédente :
Établi au sommet d'une crête et dominant tout l'Ampugnani, Quercitello est typique de la Castagniccia.

Page de droite :
À Sainte-Marie-Sicché, la conduite du troupeau aux pâturages.

Ci-dessous :
Dans une rue de Casamaccioli, village du Niolo où l'élevage reste l'activité dominante.

La plupart sont véritablement inaccessibles, et la route royale qui joint Bastia à Ajaccio par Corte n'en traverse que deux, sur une longueur de trente-trois lieues. Le même sort attend presque tous les autres villages situés dans la direction des routes classées ou projetées, parce que le tracé de ces routes, nécessairement asservi au niveau des vallées, ne saurait s'élever jusqu'aux habitations aériennes des montagnards. Tôt ou tard, il faudra que les Corses descendent dans les plaines, s'ils veulent profiter des bienfaits de la civilisation et des sacrifices de la mère patrie : leur domicile actuel est incompatible avec le progrès des richesses. Tant que les habitants refuseront de quitter leurs observatoires, ils demeureront contemplateurs, et ils seront obligés de vivre de laitage et de châtaignes, comme ont fait leurs pères depuis plus de mille ans » (A.-J. Blanqui, *Rapport sur l'état économique et moral de la Corse*).

Il est sûr que les villages installés dans les vallées, le long d'un axe principal de communication, connaissent un rayonnement incomparable ; ainsi en est-il de Bocognano et Venaco, tous deux traversés par l'ancienne route royale. Vico connaît aussi une situation enviable à la fin du XIXe siècle : « On y voit de belles maisons bien bâties ; les rues sont assez larges ; on y trouve des magasins remplis de tout genre de marchandises ; il y a des auberges et des cafés assez propres » (abbé Galletti, *Histoire illustrée de la Corse*). Mais il ne s'agit là que d'exceptions. Comment remédier à cet état ? Telle est l'une des questions essentielles des pouvoirs publics au XIXe siècle. Tous les experts sont formels : l'idéal serait que les populations se rapprochent des plaines où les communications sont plus aisées. D'ailleurs, un mouvement semble bien se dessiner. Au fil des transhumances hivernales, les bergers ont construit de véritables hameaux près des pâturages de plaine. Autour des golfes de Porto et de Girolata, par exemple, s'agrandissent chaque année Partinello, Vetrice, Pinito, Osani, Suera et Tuera. Près d'Ajaccio, les pâtres de Bastelica fondent Bastelicaccia. Dans la partie orientale, ceux de Ghisoni créent Ghisonaccia et, dans l'Alta Rocca, ceux d'Aullène descendent à Monacia… Comme pour reconnaître leur importance et inviter les populations à s'y fixer, les autorités étudient, au début des années 1860, la possibilité de les élever au rang de communes à part entière. Monacia le devient effectivement en 1864. Mais l'installation dans les plaines nécessite

Le village abandonné d'Occi, au-dessus de Lumio. Seule l'église a été restaurée.

la conjuration du risque de malaria, et elle ne sera vraiment effective qu'au lendemain de la Seconde Guerre mondiale.
Plus efficace est le désenclavement des villages par la construction d'un ambitieux réseau de routes et de chemins. En effet, l'absence de voies de communication est un défaut souligné par le plan terrier au XVIIIe siècle. Si de réels progrès sont accomplis sous la Restauration et le second Empire, la route du Cap notamment, il reste beaucoup à faire : « Nous avons parcouru des villages et des contrées dont les chemins sont encore dans l'état primitif. Ce sont des sentiers larges de trente à quarante centimètres, souvent cachés ou interrompus par d'épaisses broussailles, ou effacés par des pluies torrentielles. On est fréquemment obligé de voyager par des routes très étroites, traversant les pentes des montagnes où le voyageur voit à chaque instant se dérouler sous ses yeux d'affreux précipices » (abbé Galletti, *ibid.*). La IIIe République poursuit l'entreprise. L'effort est de longue haleine : Asco, par exemple, ne sera facilement accessible que dans les années 1930 ! Aujourd'hui encore, accéder à certaines localités suppose un si long périple que, sécurité oblige, des hélisurfaces ont été prévues à leur proximité. Toujours est-il que ce désenclavement condamne quelques villages et hameaux à l'abandon : puisque leur adjoindre une nouvelle route est trop difficile et trop coûteux, leurs habitants préfèrent s'installer dans les localités voisines mieux desservies. Ainsi Occi s'est vidé au profit de Lumio ; il n'y a plus que de tristes ruines pour témoigner aujourd'hui de l'existence de ce vieux village perché.

Chapitre 3

Le village et la mer

Une terre baignée par la douce Méditerranée ! Pourtant, les Corses se méfient de la mer. C'est d'elle que vient le danger. À leur ennemi, ils ne diront pas « Va-t-en au diable », mais « Va-t-en sur la mer ». En fait, seuls les Cap-Corsins profitent réellement de cette richesse : depuis leurs marines, ils n'hésitent pas à larguer les amarres. Les uns se font pêcheurs, les autres négociants. Certains cèdent à l'appel du grand large et vont chercher fortune aux Amériques…

« Dans ton cadre apaisant, ô Méditerranée,
Nomade vagabond des villages latins,
J'ai rêvé sur les rocs de l'île parfumée,
J'ai fait chercher mon luth à tous les vents marins. »
(A. Nicolai, *Les Villages corses*)

Attirance et répulsion

« Elle était calme, le soleil donnait dessus, éclairait son azur qui paraissait plus limpide encore ; ses rayons faisaient tout autour des rochers à fleur comme des couronnes de diamants qui les auraient entourés ; elles brillaient plus vives et plus scintillantes que les étoiles. La mer a un parfum plus suave que les roses, nous le humions avec délices » (G. Flaubert, *Pyrénées-Corse*).

Aussi séductrice se montre-t-elle, la mer suscite toujours des craintes auprès des insulaires. Tout se passe comme si les vieilles peurs antiques à l'égard de ce monde mystérieux et dangereux se maintenaient. Ne dit-on pas que l'ancienne *Ampuglia* fut emportée par un terrible raz-de-marée ? Ne croit-on pas aussi que les golfes sont hantés par d'horribles monstres ? Pourtant tout a bien commencé : Grecs, Étrusques, Phéniciens et Carthaginois exploitent les fonds marins de l'île ; les Romains fondent d'importants ports. La plaine orientale est le grenier à blé de Rome et les céréales sont acheminées par bateau vers la péninsule. Aleria est au faîte de sa grandeur. Mais l'étendue bleutée devient bientôt meurtrière. La voilà qui prête ses forces à l'ennemi. Ne conduit-elle pas sur les côtes de l'île les hordes de Vandales et d'Ostrogoths, puis les bandes sarrasines ? Des incursions qui se poursuivent malgré l'édification, à partir de 1530, de quatre-vingt-dix tours de garde à intervalles réguliers sur tout le littoral : une importante flotte barbaresque débarque à Albo en 1588 ; Algajola est pillée le 26 juin 1643… Autant de drames qui n'incitent guère à s'en retourner sur les terres du bord de mer. Ces plaines n'ont-elles pas été longtemps insalubres ? C'est là que le « mauvais air » et la malaria sévissent avec le plus d'ampleur. Mieux vaut donc se détourner des rivages pour se réfugier sur les hauteurs de l'intérieur.

La splendeur d'Aleria n'est plus qu'un lointain souvenir : « On nous dit que des flottes pouvaient contenir dans ce port comblé et qu'il ne faudrait qu'enlever les sables pour en faire demain le plus beau du monde. […] Il y a sans doute bien des siècles qu'elle regarde ainsi en face l'Italie sans se lever de ses sables et que les lièvres viennent brouter le thym dans les pierres de son aqueduc. Ensevelie dans cette plaine vide et blanche, elle me semblait une de ces cités de l'Orient mortes depuis longtemps et que nous rêvons si tristes et si belles, y replaçant tous les rêves de grandeur que l'humanité a eus » (G. Flaubert, *ibid.*). La fin des invasions et le retour de la sécurité, à partir du XVIIIe siècle, n'entraînent pas un reflux massif vers le rivage. Toutefois, le potentiel maritime est mieux exploité. Ota profite de sa marine de Porto pour exporter ses productions. La pêche se développe en quelques points de la côte : Girolata, Cargèse, Campoloro, Solenzara… Les femmes s'en vont à dos de mulet vendre les poissons dans les bourgs de l'intérieur. Mais ce sont les villages du cap Corse qui profiteront le mieux des largesses de la mer.

Page de gauche et ci-dessus : **Un écrin posé sur l'eau : ainsi apparaît la marine d'Erbalunga au pied du Cap. Dans le petit port, quelques « pointus » se mêlent encore aux embarcations de plaisance.**

Double page précédente : **Marine du Cap, Centuri vit au rythme du va-et-vient de ses barques de pêche.**

Les marines du cap Corse

Ce n'est pas un hasard si le Cap est parfois baptisé « la Bretagne de la Corse ». Cette région est tournée résolument vers la mer, et cela depuis des temps très anciens. Certes, aucun village ne s'est implanté sur le littoral même.

Ci-dessus :
Jean-Pierre, pêcheur et figure incontournable de Centuri.

Page de droite :
Le ravaudage des filets reste l'une des activités quotidiennes des pêcheurs de Centuri.

De toute façon, la configuration géographique des lieux ne s'y prête guère. S'ils se sont perchés sur les hauteurs, ils ont su profiter des nombreuses échancrures et criques de la péninsule pour y installer de petits ports : les marines. Celles-ci sont une aubaine pour l'écoulement des productions agricoles et viticoles, car la contrée vit d'abord des richesses de la terre. Ses vins sont réputés depuis l'Antiquité. Dès le Moyen Âge, ils sont exportés vers Pise et Gênes. Ces échanges ne font que s'intensifier au fil des siècles et concernent d'autres produits : des huiles, des matériaux, des poissons… Les destinations se diversifient : Livourne, Marseille, l'Afrique… Le cabotage sur les côtes de l'île vit de belles heures ; les marines connaissent une intense activité. Au XVIIIe siècle, elles sont une vingtaine sur tout le pourtour du Cap. Leurs dimensions modestes sont parfois trompeuses. Scalo la minuscule, simple point d'escale en contrebas de Pino, se montre particulièrement dynamique. Et encore n'est-elle rien par rapport à la grande Macinaggio, dépendance de Rogliano : « Macinaggio ressemble presque à une petite ville, avec ses élégantes constructions dominées par les mâts des navires » (V.-E. Ardouin-Dumazet, *Voyage en France. La Corse*). Au pied du col de la Serra, la belle Centuri rayonne : Pascal Paoli en fait même l'arsenal de sa république. Ses quais se couvrent de *magasini*, bâtisses équipées d'une cave sous voûte et réservées au stockage des denrées. Outre le vin, l'huile et le bois, la langouste et le corail font la renommée du lieu. Tous ces négociants prospèrent. Les plus audacieux partent pour l'Amérique : Porto Rico et le Venezuela sont leurs terres d'élection. D'ailleurs, les villages du cap Corse conservent le souvenir de leur réussite. En effet, à leur retour, beaucoup se firent construire de vrais petits palais à la mode italienne ou sud-américaine.

Force est de reconnaître que ces marines rivalisent de charme. Elles semblent figées dans le temps. Éternels petits villages de pêcheurs ! Tollare, oublié au bord des flots… Barcaggio et ses toits rouges… Erbalunga et ses maisons comme posées sur l'eau : « Au-dessous de la colline de Brando, une courte péninsule rocheuse s'avance dans la mer, couronnée à la pointe par une tour en ruines se mirant dans le flot ; des maisons blanches

Ci-dessus :
Quelques pêcheurs du Cap restent fidèles à la nasse traditionnelle confectionnée avec des tiges de myrte.

Page de gauche :
À Centuri, les filets s'entassent toujours sur les quais.

couvrent le petit promontoire, plongeant leur base jusqu'au ras de l'eau. Autour de ces demeures, des figuiers de Barbarie et des arbres fruitiers encadrent le village, semblable à quelque hameau de Grèce ou de Sicile. C'est d'un grand et pur caractère auquel répond le paysage environnant » (V.-E. Ardouin-Dumazet, *ibid.*). Quelques pointus aux vives couleurs se bercent encore dans la minuscule rade, comme pour aviver la nostalgie. En revanche, à Centuri, la pêche est toujours une réalité. Les barques blanc et bleu sont l'âme du lieu. Filets et nasses en myrte traînent sur les quais. Ici, un pêcheur repeint son embarcation ; là, un autre ravaude ses pièces… La journée est encore rythmée par les entrées et les sorties des bateaux. Les maisons sont de petites dimensions, toutes coiffées de lauzes de serpentine. À ces modestes constructions s'ajoutent quelques grandes demeures à balcon, sans doute propriétés de commerçants ayant amassé quelque fortune. Sans conteste, Centuri est l'un des endroits les plus pittoresques de la Corse. Cette marine mêle la grâce de la mer à la force de la montagne. Ces vers lui semblent dédiés :

« Les pêcheurs, torse droit, bras impassibles,
clignent
Des yeux, sous l'innombrable aiguillon
des lueurs.
La montagne et la mer, entremêlant
leurs lignes,
Semblent mettre en commun des songes
de bonheur. »
(F. Dauphin, *Les Allégresses*)

Chapitre 4

DE PAYS EN PAYS

La Corse est multiple. La traditionnelle division entre l'en-deçà-des-monts, pays du nord de l'île, et l'au-delà-des-monts, pays du sud, ne reflète pas la diversité des paysages. Quoi de commun entre la Castagniccia et le cap Corse, entre l'Ostriconi et le Taravo, entre le Niolo et la Balagne ? Leur importance démographique, leur allure, leur économie et leur histoire, voilà autant de critères de différenciation.

« Une vue immense, de longues collines,
des vallées inondées de lumière,
avec des hameaux gris, blancs et rares
dispersés çà et là. » (J. Green, *Journal*)

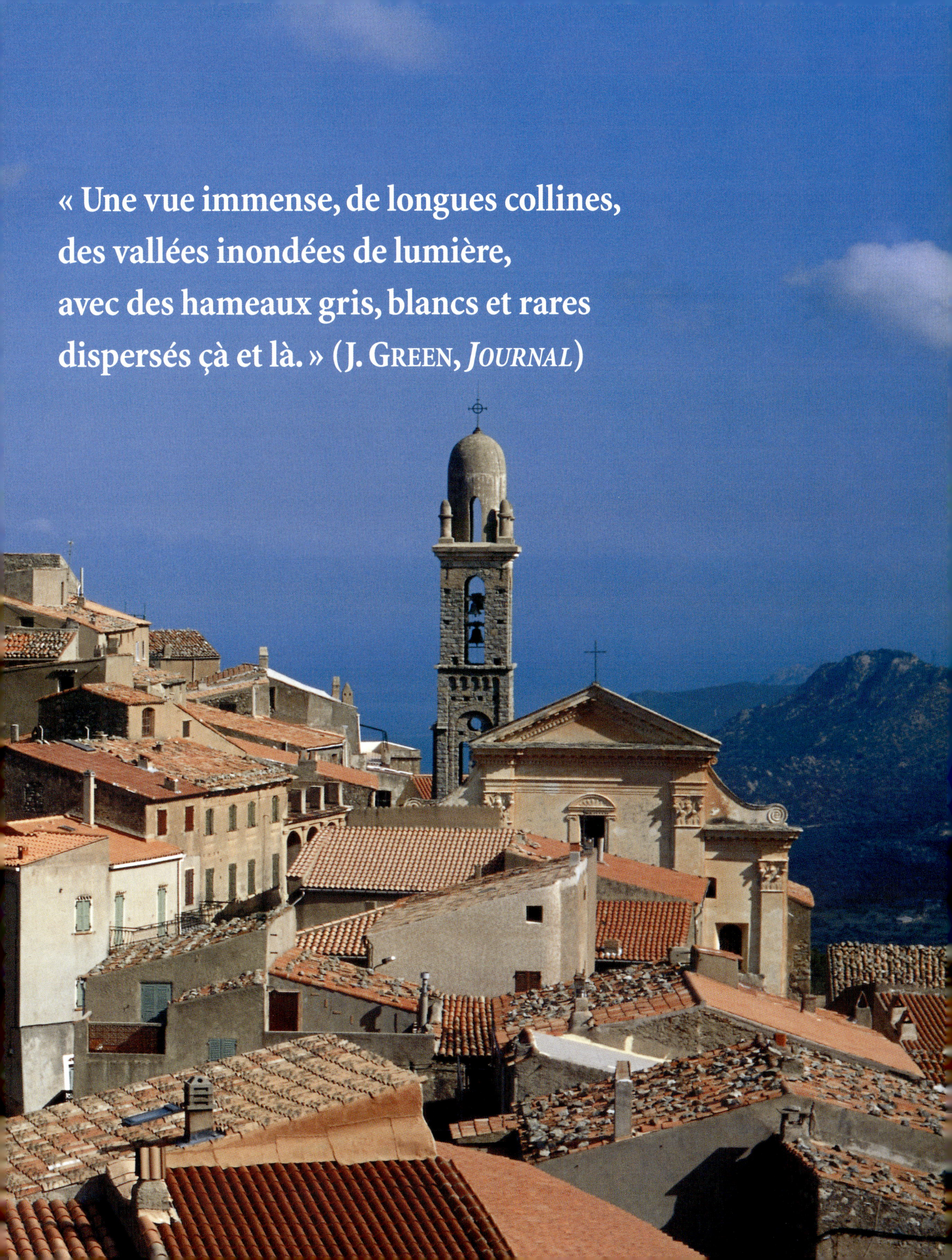

L'en-deçà-des-monts

Le cap Corse se présente comme l'une des régions les plus chatoyantes de l'île, peut-être même la plus séduisante. Les villages principaux se nomment Rogliano, Morsiglia, Pino, Ogliastro… Fixés sur les versants, ils forment comme des balcons et exposent avec fierté à la mer leurs tours crénelées, leurs palais et leurs églises de style italien. Ils s'entourent de tombeaux et de chapelles funéraires dont les coupoles et les croix apparaissent au travers des cyprès. À leur pied se distinguent encore les murets de soutènement des anciennes parcelles cultivables ; car vignes, oliviers, figuiers, blés et maïs ont fait la fierté des villageois. Rogliano semble nostalgique de sa grandeur passée, lorsqu'il était le fief des puissants seigneurs Da Mare, vieille famille d'origine génoise installée ici dès le XIIe siècle. Il faut se rendre au discret hameau de Cannelle et se laisser guider par son étroite venelle aux lourdes dalles brutes. Il faut se laisser surprendre, au sortir d'un virage, par le campanile de Pino et se perdre dans ses sentes pentues et fleuries. Mais le joyau du cap Corse se niche à sa base occidentale : voici Nonza, « bâti sur une pyramide presque détachée de la côte » (R. Bazin, « Quatre beautés de la Corse ») ; ce village a posé quelques-unes de ses maisons sur l'à-pic vertigineux de la falaise, et la pimpante église Sainte-Julie semble veiller sur elles. Sur l'éminence de la barre rocheuse, Pascal Paoli fait dresser en 1760 une tour de garde. Huit ans plus tard, elle est le théâtre d'un bel acte de bravoure. Les troupes françaises l'assiègent. Elles se heurtent à tant de résistance que leur chef Grandmaison ordonne le cessez-le-feu et l'ouverture de pourparlers. Quelle n'est pas sa surprise lorsqu'il s'aperçoit que la fortification n'abrite qu'un seul homme : l'héroïque capitaine Casetta s'est démultiplié au point de passer d'une meurtrière à l'autre et d'actionner toutes les armes, créant ainsi l'illusion de la présence d'une garnison entière !

Au pied du Cap s'étire le Nebbio, pays délimité à l'ouest par le pays de Saint-Florent et par le Monte Asto au sud. Les longues collines alternent avec les vallées baignées de lumière. C'est une contrée prospère, surnommée d'ailleurs « la conque d'or », où dominent l'élevage, le vignoble et l'olivier. Rien d'étonnant, donc, à ce que ses villages, assis sur les pentes du relief à cinq cents mètres d'altitude, se distinguent par leur relative importance. Ils se repèrent de loin, avec leurs hautes maisons généralement parées d'un enduit blanc. Oletta est l'un d'eux : « Hier, un peu avant minuit, par un clair de lune merveilleux, j'ai regardé Oletta qu'on voit vers la droite, de nos fenêtres, petite ville en étages, au flanc d'une colline, sous cette lumière de sommeil, sous cette éclatante lumière de rêve, cette lumière qui rêve. Les rangées de maisons blanches, les noirs profonds du feuillage » (J. Green, *Journal*).

En quittant le Nebbio par sa partie occidentale, on parvient dans la belle vallée de l'Ostriconi, pays où la population s'est réfugiée dans cinq villages perchés : Pietralba, Urtaca, Palasca, Novella et Lama. Tous ont connu leurs riches heures lorsque les oliviers donnaient à plein. Déjà la Balagne s'annonce. Celle-ci s'enorgueillit d'être la région la plus fertile de l'île. Phéniciens, Grecs, Étrusques et Romains ne s'y

Ci-dessus :
Sur son rocher surplombant la mer, voilà Nonza et sa tour de garde construite sur l'ordre de Pascal Paoli en 1760.

Double page précédente :
Speloncato déroule son ossature tortueuse à l'extrémité d'un éperon du Monte Tolo. Le clocher de l'église Saint-Michel, édifice du XVIe siècle, veille sur les hautes maisons de granit.

sont pas trompés. Ici, ils ont fondé la plupart de leurs colonies. Speloncato, Calenzana et Algajola en conservent quelques traces. Mais c'est au XVIIe siècle qu'elle devient « le jardin de la Corse ». La polyculture de type méditerranéen s'y développe avec réussite : « La vallée est un verger d'oliviers, de figuiers, de cédratiers et d'orangers. Sur les sommets et les pentes des collines aux formes nobles et hardies, les villages semblent comme les grains d'un collier capricieusement disposés autour de la conque verdoyante » (V.-E. Ardouin-Dumazet, *Voyage en France. La Corse*). Car les villages seront les principaux bénéficiaires de ce développement. Au XIXe siècle, la plupart dépassent le millier d'habitants : Calenzana, Muro, Belgodère, Speloncato, Santa-Reparata, Corbara… Avec leurs rues, leurs places bien délimitées et leurs couleurs passées, ils ressemblent à leurs cousins provençaux. Seul Sant'Antonino garde sa sévérité défensive. C'est à peine si on le distingue depuis le littoral ou les vallées. Il serait, dit-on, le plus ancien village de l'île, et ses murs gardent le souvenir d'un épisode sanglant : à la fin du XIIIe siècle, soixante vassaux d'un seigneur voisin et rival sont reçus avec les plus grands égards ; une fête est donnée en leur honneur puis, la soirée achevée, ils ont la gorge tranchée durant leur sommeil… Tout aussi discrets et mystérieux apparaissent les villages du Giunssani, les uns oubliés sur leurs hauteurs, les autres perdus entre les chênes et les châtaigniers : Calchisalti, petit hameau de Pioggiola, se niche à neuf cent cinquante mètres d'altitude ! Aller à la rencontre de Vallica, village aux maisons brunes et sévères, c'est se condamner à un trajet interminable, certes, mais ô combien majestueux.

La belle Castagniccia

En fait, il n'y a guère que la Castagniccia pour contester la suprématie balanine. La verdoyante Castagniccia ! Car c'est bien la première impression qui frappe le voyageur à son arrivée dans cette région du nord-est de l'île ; une vraie terre de verdure, une forêt immense et dense, partout des châtaigniers au tronc épais et au feuillage touffu : « La belle verdure de cet arbre, la situation presque toujours pittoresque des villages, la multitude des collines qui se coupent dans tous les sens et sont comme enveloppées par les hautes montagnes qui les dominent ; tout cela forme un coup d'œil enchanteur, soit lorsqu'on l'aperçoit pour la première fois, soit en traversant le pays, où l'on ne fait pas un pas sans varier ses points de vue » (abbé Gaudin, *Voyage en Corse*...). Ce pays, comme l'indique son nom, est celui de la châtaigne. Cette spécialité résulte de l'obligation faite à tout propriétaire terrien, par l'administration génoise en 1548, de planter en quantité, chaque année, l'une de ces quatre essences d'arbres fruitiers : mûriers, oliviers, figuiers ou châtaigniers. Ces derniers seront mis en terre jusqu'au XIXe siècle, malgré la ferme volonté de l'administration française, notamment sous Louis XV, d'entraver cette progression. C'est que l'« arbre à pain » est une incommensurable richesse. Sa culture permet de nourrir une abondante population. Ainsi, la Castagniccia connaîtra les plus fortes densités de peuplement de l'île (plus de cent quarante habitants au kilomètre carré au XVIIIe siècle) et ses villages compteront parmi les plus importants. À l'exemple de Quercitello ou de Ficaja, ils se dressent sur les crêtes de ce relief très découpé. Des pentes laissées libres par la forêt et bien exposées au soleil, les solanes, ont permis l'exploitation de petites parcelles dont certaines sont encore visibles à proximité de Nocario. Voir apparaître ces ensembles de pierre dans leur dense écrin de verdure est étonnant. Au travers d'une trouée, on aperçoit leur bel alignement, leurs sombres murailles de schiste, leurs toits de lauze, leurs séchoirs à châtaignes et leur campanile élancé. Autant de caractéristiques que l'on retrouve dans de nombreux villages de la voisine Casinca : Venzolasca, Penta... Quelques-uns présentent une configuration différente. Morosaglia se distingue par ses maisons éparses ; Vescovato, par sa structure pyramidale : « La situation de ce village a quelque chose de singulier : il est bâti sur un monticule isolé, et élevé en forme de cône, dont l'accès était autrement très difficile ; du reste, environné de tous côtés de montagnes

Page de droite :
Pascal Paoli est né le 6 avril 1725 à Morosaglia. Le village se doit d'honorer le « père de la patrie » : l'école portera son nom et le buste du grand homme ornera la façade.

Ci-dessous :
Saliceto vit exclusivement de la châtaigne et la plupart des greniers font office de séchoirs.

très élevées, il se trouve par rapport à elles comme au fond d'un entonnoir. Deux ruisseaux assez considérables semblent l'envelopper, et présentent sous tous les aspects des cascades charmantes que l'œil fuit, perd et retrouve avec plaisir, parmi les sinuosités des montagnes » (abbé Gaudin, *ibid.*). D'autres, à l'exemple de Saliceto, profitent de faibles pentes pour s'y adosser. Signalons aussi que la Castagniccia et la Casinca sont des hauts lieux du patriotisme corse. Le « père de la patrie », Pascal Paoli, est né à Morosaglia ; son buste et son nom en lettres rouges ornent encore la façade de l'école qu'il y a créée. Saliceto vit naître Christophe Salicetti : député du tiers état en 1789, il fit reconnaître les Corses à l'Assemblée constituante en tant que citoyens français.

La montagne du centre

Au cœur de l'île surgit la montagne. D'ouest en est se succèdent le Niolo et l'Asco, le Cortenais, puis le Bozio. L'Asco se faufile entre d'impressionnantes gorges jusqu'à l'apparition soudaine d'un village étrange : « Nulle part peut-être, dans cette Corse qui a gardé tant de traits archaïques, on ne se sent si proche d'un très lointain passé. L'aspect des maisons, leur mode de groupement, rappellent les types d'habitations de ces villages du Caucase central ou du Kurdistan qui en sont restés en plein Moyen Âge. Chaque maison est comme une petite forteresse, isolée des autres demeures, sur la pente raide du versant» (R. Blanchard, *La Corse*). Tel se présente Asco au milieu des genévriers. Si l'apiculture est aujourd'hui très présente, l'élevage des moutons et des chèvres était autrefois l'activité principale des habitants. Il est vrai que la nature environnante restreint les possibilités de culture, et c'est à dos de mulet que les villageois s'en vont vendre leurs fromages dans les vallées voisines. Quant au proche Niolo, son caractère sauvage est tout aussi marqué. La montagne y est omniprésente : au nord-est la Santa Regina, au nord le Cinto, à l'ouest la Publia Orba, à l'est la Punta Artica. Partout des rochers, et Guy de Maupassant écrit : « Le Niolo, la patrie de la liberté corse, la citadelle inaccessible d'où jamais les envahisseurs n'ont pu chasser les montagnards. Ce trou sauvage est d'une inimaginable beauté. Pas une herbe, pas une plante : du granit, rien que du granit » (*Un bandit corse*).

Dans un cadre si hostile, où les villages vont-ils bien pouvoir se nicher ? Par chance, à l'embouchure des gorges, s'ouvre un semblant de plateau où se dressent Casamaccioli, Albertacce, Calacuccia. Disposés à flanc de coteaux, à l'ombre du Monte Cinto, ils s'étirent le long des routes et des chemins : « Le soleil disparaissait derrière le Monte Cinto et la grande ombre du mont de granit se couchait sur le granit de la vallée. Nous hâtions le pas pour atteindre avant la nuit le petit village d'Albertacce, sorte de tas de pierres soudées aux flancs de la gorge sauvage » (G. de Maupassant, *ibid.*). Toutefois, malgré leur évidente rusticité, ils présentent un visage ouvert et accueillant. Comme ils sont bien protégés par la nature environnante, les préoccupations défensives n'ont pas semblé guider leur structure. En revanche, Calasima a préféré se nicher sur les cimes. Il s'enorgueillit même d'être le plus haut des villages de l'île : ses discrètes maisons culminent à plus de mille mètres d'altitude ! Toutes ces localités hébergent tout un peuple de bergers, gardiens des plus authentiques traditions. C'est là que bat le cœur de la Corse.

Double page suivante, à gauche :
La place de l'église est le haut lieu de la sociabilité villageoise. Comme à Campodonico, elle est presque toujours ceinte d'un banc de pierre où les discussions vont bon train.

À droite :
Comme tous les villages de Castigniccia, Verdèze élance avec fierté son clocher vers les cieux.

Castirla vit à l'abri de son rocher : « Toute la montagne qui domine le village est parsemée de granits énormes, qui se sont détachés du sommet : et cet accident, se répétant toutes les années à la fonte des neiges, menace d'engloutir le village. Pourquoi donc avoir choisi cette situation, lorsque le voisinage en offrait d'infiniment plus commodes ? Précisément à cause de ces difficultés, et parce que l'accès très pénible le rend moins susceptible d'attaques » (abbé Gaudin, *Voyage en Corse...*). Soveria enroule ses toits rouges autour de son clocher. Si le maquis règne aujourd'hui en maître, la vigne était autrefois la reine des lieux. Tralonca, assis sur son monticule entre les eaux du Golo et du Taravo, n'a plus son lustre d'antan. Au début du XXe siècle, trois cents âmes siégeaient ici et s'éreintaient au sarclage. Sur des terres étagées en paliers étaient semés blé, orge et avoine…

L'hymne insulaire serait d'ailleurs né à Corscia : le pâtre Salvadore Costa en aurait improvisé les premières notes dans la chapelle Saint-Marc, un jour d'avril 1730. Aussi de violents incidents éclatent-ils ici après la guerre d'indépendance de 1769 : les esprits ne supportent pas l'interdiction du port d'armes et l'expulsion des familles partisanes de Pascal Paoli ; l'insurrection couve, et les troupes françaises interviennent avec la plus grande fermeté ; les Niolins sont battus à Francardo en 1774, leurs pauvres villages sont pillés et brûlés…

De tels troubles se produisent aussi dans le Bozio. C'est même à Bustanico que commence, en 1729, la révolution des Quarante Ans, puissant soulèvement contre l'administration génoise qui gagnera toute l'île et ne se terminera qu'avec la victoire française sur les patriotes corses. Une étincelle met le feu aux poudres : Antone Francesca Defranchi s'en va à la perception acquitter ses impôts. Son sang ne fait qu'un tour lorsque l'agent lui retourne une pièce jugée fausse. Sitôt dans la rue, il s'empresse de raconter à chacun son déshonneur ; et l'indignation mène à la révolte générale… Difficilement accessible, cette région offre aux insurgés un terrain de choix. Les villages s'accrochent aux pentes et jettent aux vallées leur belle unité architecturale. À mesure que l'on se rapproche de Corte, ils s'implantent au gré des opportunités laissées par le relief. Les aiguilles de Popalasca et les cimes du Monte Cinto les agrémentent d'un cadre grandiose.

Ci-dessus :
À l'Ospédale, ancienne colonie de bergers, les moutons séjournent toujours.

Page de droite, en haut :
Ezao, petit hameau oublié au fond de la vallée, au pied de La Porta.

En bas :
À Rondolino, sur les hauteurs de Cargèse : impossible de traverser un village corse sans y apercevoir cette figure familière et attachante.

L'au-delà-des-monts

L'au-delà-des-monts paraît plus homogène. La plaine orientale compte peu de villages. Quel contraste avec l'Antiquité où ces terres figuraient parmi les plus productives de l'île ! Mais la malaria a sévi et les populations ont fui les lieux. Il faut remonter la vallée du Fium'Orbo pour apercevoir ici et là quelques clochers ; des localités à l'aspect sévère et à l'expansion longtemps entravée par un environnement hostile. La fièvre contrarie les bonnes volontés et attise la pauvreté. Voici le témoignage de Gustave Flaubert : « Le pays est désert, vide d'habitants ; ceux qu'on rencontre dans tout le Fiumorbo sont jaunes de fièvre, vêtus de haillons et ont l'air triste » (*Pyrénées-Corse*).

Plus au sud, le paysage évolue à l'approche de Porto-Vecchio et de son arrière-pays. Quelques vestiges des plus anciens sites de peuplement de la Corse ont d'ailleurs été retrouvés dans ce secteur : Torre, Tappa et le castellu d'Araghju dateraient du IIe millénaire avant J.-C. La bande côtière n'est plus vraiment la plaine : elle oscille aux environs de cinq cents mètres d'altitude. La forêt est bien présente avec le massif de l'Ospedale. Ici se sont installées quelques colonies de bergers : L'Ospedale, Gialla, Ribba… À quelques kilomètres en retrait règne en majesté la vraie montagne. Voilà le pays de l'Alta Rocca où s'imposent des communes d'importance. Si Quenza et Zonza sont magnifiés par les aiguilles de Bavella, Aullène affirme sa tranquillité au milieu des châtaigniers : une longue rue centrale,

de modestes bâtisses… Lévie et Sainte-Lucie-de-Tallano, avec leurs solides maisons de granit serrées les unes aux autres, ont déjà l'allure de petites villes. Et puis il y a ces villages discrets, oubliés au fond de leur vallée, tel Zoza : « Zoza de mauvaise fortune, l'hiver pas de soleil et l'été pas de lune », dit le dicton…

Du golfe de Valinco à Cinarca

Plus dense est la partie occidentale de l'au-delà-des-monts. Des vallées profondes, propices au peuplement, sillonnent le relief pour déboucher sur les larges golfes de la côte. Voici celui de Valinco et ses villages où résonnent encore les échos des anciennes querelles intestines : Olmeto, Sollacaro, Fozzano… Dans la vallée du Taravo, la tranquillité est de mise. L'habitat se niche soit à haute altitude, soit à mi-pente : Zicavo, Zevaco, Quasquara… Leurs murs de granit et leurs toits rouges tranchent avec la verdure des châtaigniers envahissants. Où les bergers vont-ils bien mener leurs troupeaux ? Laissés libres par la forêt, quelques alpages sont proches des habitations, mais, l'hiver venu, obligation est faite de descendre dans les plaines. Les vallées du Prunelli et de la Gravona se montrent encore plus accueillantes. Les larges fonds de vallées et les flancs des montagnes reçoivent les villages :

Sainte-Lucie-de-Tallano avec ses puissantes maisons massées autour de l'église.

Ci-dessus :
Dans le centre d'Aregno, les façades crépies alternent avec les murs en pierre apparente.

Page de droite :
Les hautes maisons de Piedicroce.

Bocognano, Tavera, Peri, Ucciani… Non seulement la châtaigne leur offre d'abondantes ressources, mais là se trouvent aussi les terres les plus fertiles du sud de l'île. Les cultures maraîchères et le blé s'ajoutent à la vigne et aux oliviers. Mention particulière doit être faite de Bastelica. Organisé en quartiers, ce bourg héberge plus de trois cents habitants à la fin du XIXe siècle, temps de sa splendeur. La plupart se consacrent à l'élevage. Mais ce village est surtout la patrie du légendaire Sampiero Corso, d'abord allié de François Ier et d'Henri II, puis ennemi des Génois contre lesquels il mène une insurrection.

Face au golfe de Sagone s'étagent les modestes et discrets villages de la Cinarca : « Après avoir passé deux vallées, nous arrivâmes sur une hauteur d'où nous aperçûmes la vallée de Cinarca, couverte de petits monticules blancs qui se détachaient dans la verdure du maquis. Au bas s'étendent les trois golfes de Chopra, de Liamone et de Sagone ; dans l'horizon et au bout du promontoire, la petite colonie de Cargèse » (G. Flaubert, *Pyrénées-Corse*). Cargèse la Grecque ! Cargèse à l'histoire si originale ! Désireux d'échapper à l'occupation turque de 1670 dans le sud du Péloponnèse, des Grecs demandent asile à la république de Gênes, alors administratrice de l'île. Leur requête est acceptée en 1675. Ils reçoivent la concession de terrains inoccupés sur les hauteurs de Sagone. Paomia est ainsi fondée en 1676. Les six cents habitants se montrent très actifs : ils travaillent la vigne et plantent quantité d'oliviers et autres arbres fruitiers. Leur réussite attise les jalousies locales, d'autant plus qu'ils sont perçus comme les alliés des Génois. À deux reprises, en 1715 et 1729, ils subissent les attaques des montagnards de Vico. Ils doivent même se réfugier à Ajaccio. Ils ne retrouveront leur tranquillité qu'une fois la Corse devenue française. En 1773, de nouvelles terres leur sont cédées à proximité du littoral. Au gouverneur Marbeuf revient la direction de la colonie. Il dresse les plans d'un village et bientôt Cargèse voit le jour, fier de cent vingt maisons et de belles rues rectilignes.

De Vico à Piana

Vico, l'ennemi, se tient désormais tranquille. Cet important village se situe entre les vallées du Sagone et du Liamone : « À Vico, on commence à connaître ce que c'est qu'un village de la Corse. Situé sur un monticule, dans une grande vallée, il est dominé de tous

les côtés par des montagnes qui l'entourent en entonnoir » (G. Flaubert, *ibid.*). Cette localité resplendit encore de sa grandeur passée : ses hautes bâtisses, sa vaste place centrale, sa grande rue longitudinale... N'oublions pas qu'elle fut élevée au rang d'évêché par le pape Grégoire XIII. En prenant le chemin du nord, on parvient à Evisa : ce souriant village, avec sa blanche tonalité, tourne le dos à la forêt d'Aïtone. Puis c'est l'entrée dans les gorges de la Spelunca. Partout la roche ! Un univers spectaculaire et étouffant : « La montagne, fendue du haut en bas, s'entrouvrait. Le sentier s'enfonce dans cette brèche. Il suit le fond entre deux prodigieuses murailles ; et un gros torrent parcourt cette crevasse. L'air est glacé, le granit paraît noir et tout là-haut ce qu'on voit du ciel bleu étonne et étourdit » (G. de Maupassant, *Une vie*). Ota se livre enfin, en plein soleil, comme une invitation à la halte. Tout près, la mer et le golfe de Porto... Ici, la pauvreté est proverbiale : « Ota, Ota maudit, sans poids ni tamis. » Mais à force de courage et de persévérance, les villageois vaincront la malédiction : depuis la marine de Porto seront exportés de l'huile, du charbon de bois, du vin et même des ébauchons de pipes ! Ce village sera l'un des plus actifs de l'île. Et les rochers reprennent leur démonstration de force. Sauvages et majestueuses calanques ! « Hauts jusqu'à trois cents mètres, minces, ronds, tortus, crochus, difformes, imprévus, fantastiques, ces surprenants rochers semblaient des arbres, des plantes, des bêtes, des monuments, des hommes, des moines en robe, des diables cornus, des oiseaux démesurés, tout un peuple monstrueux, une ménagerie de cauchemar pétrifiée par le vouloir de quelque dieu extravagant » (G. de Maupassant, *ibid.*). Nulle présence humaine jusqu'à ce jeu de dés chavirés au creux de la falaise : c'est Piana avec ses eucalyptus et ses oliviers, ses maisons basses et son église chaulée de blanc et de rose. Au fil de ses rues, sur la place de la fontaine, sur ses murets et ses bancs, partout semblent resurgir des silhouettes du passé...

Ci-contre :
Au débouché des spectaculaires calanches, voici Piana « la blanche ».

Double page précédente :
Village à l'histoire particulière, Cargèse se singularise par ses rues droites et aérées.

Chapitre 5

AUTOUR DES VILLAGES

Il faut bien le reconnaître : la Corse n'a jamais été une grande terre d'agriculture. L'économie de subsistance prime : on vit d'élevage et de maigres cultures. Autour des villages se remarquent encore aujourd'hui les traces de cette société agro-sylvo-pastorale. Ici les pentes ont été terrassées pour accueillir les cultures, là-bas ont été placés les aires à blé, les moulins et autres séchoirs à châtaignes...

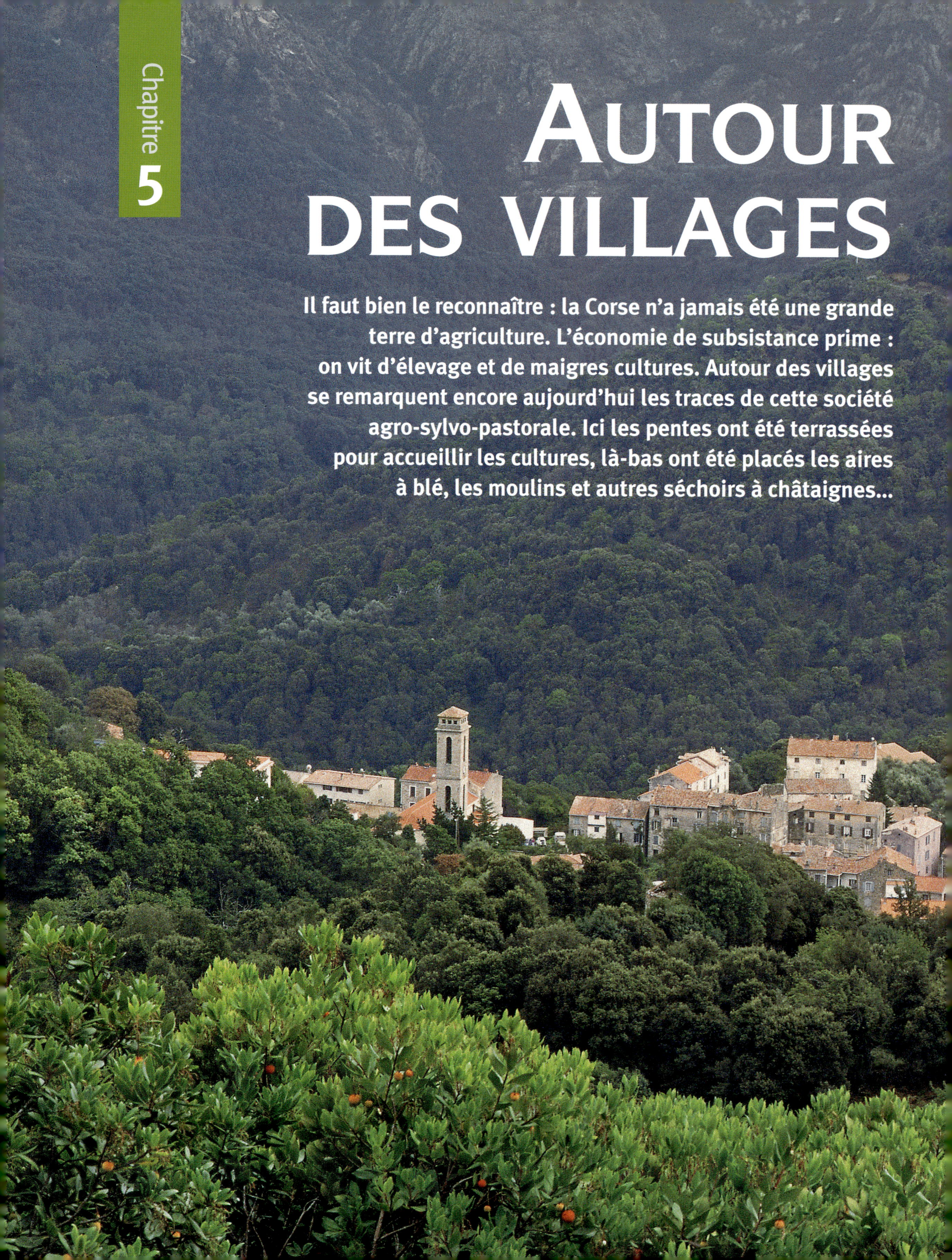

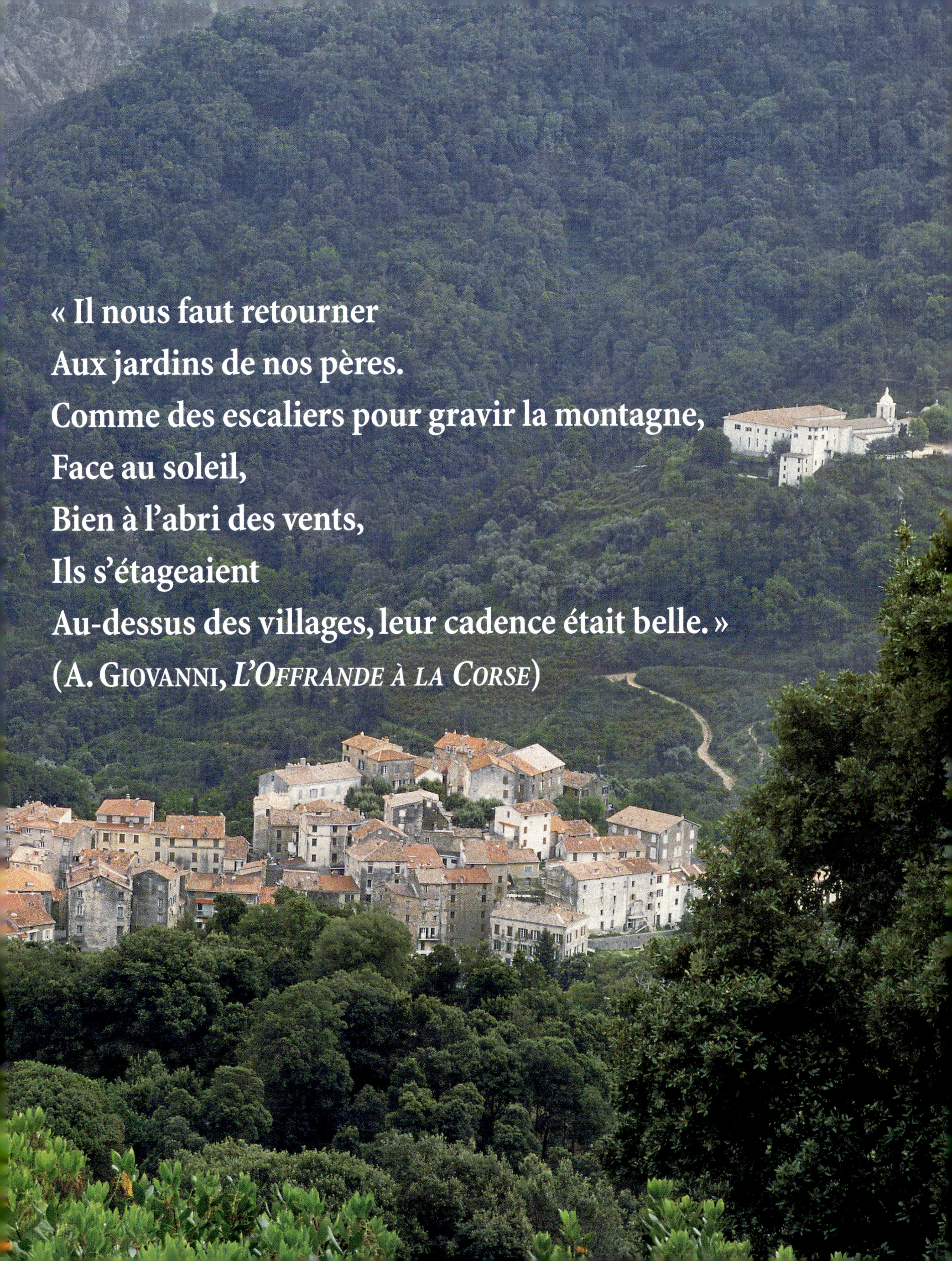

« Il nous faut retourner
Aux jardins de nos pères.
Comme des escaliers pour gravir la montagne,
Face au soleil,
Bien à l'abri des vents,
Ils s'étageaient
Au-dessus des villages, leur cadence était belle. »
(A. Giovanni, *L'Offrande à la Corse*)

Les cultures en terrasses

Le « perchement » a ses contraintes : c'est dans les plaines et le fond des larges vallées que sont rejetées les cultures. Voilà les paysans contraints à de longs déplacements. Mais le versant sur lequel est implanté le village et les pentes voisines sont aussi mis à contribution, du moins partout où cela est possible. Non seulement il faut profiter de leur bel ensoleillement, mais aussi et surtout chaque mètre carré cultivable est précieux. Des parcelles consacrées aux céréales, aux oliviers, à la vigne ou aux arbres fruitiers sont donc aménagées sur les coteaux. Elles s'étagent généralement en contrebas ou à niveau des habitations et sont soutenues par de solides murets. Édifiés avec les pierres extraites sur place, ceux-ci sont rendus nécessaires pour retenir, déclivité oblige, la terre et l'eau. Aménager ainsi la pente est un travail titanesque : construire un mur long de trois mètres et haut d'un mètre, c'est se condamner à près de cinq heures de labeur et à la manipulation de six tonnes de matériaux ! Sans compter les travaux de déboisement et de terrassement proprement dits ! L'effet visuel offert par ces graduations ajoute au charme et à l'aspect spectaculaire des villages. René Bazin, découvrant Nonza, est saisi par l'ampleur et la beauté de l'ouvrage : « Oui, les cultures ; malgré la pente terrible, malgré le soleil, au milieu de ces murs de roche, les habitants ont fait des prodiges : partout où il a été possible d'établir, de suspendre des jardins aux flancs des falaises, ils ont taillé le rocher ou élargi les minces plates-formes naturelles, creusé des escaliers qui vont d'étage en étage, apporté de la terre, contenu le précieux humus à l'aide de petits murs, et enfin, dans des cuves surchauffées, ils ont planté des cédratiers » (« Quatre beautés de la Corse »). À Tralonca, les anciens l'affirment : si ces murs de soutien avaient été mis bout à bout, ils auraient formé une muraille longue de trente kilomètres !

Ci-dessus :
La toiture en lauze de schiste d'un séchoir à châtaignes dans les environs de Sisco.

Page de gauche :
À Nonza, un spectaculaire escalier, construit avec des plaques de schiste, conduit aux cultures situées en contrebas des habitations.

Aires à blé et moulins

Puisque la place est comptée dans les villages corses, les bâtiments d'exploitation sont placés, soit sur les lieux mêmes d'exploitation, soit à la périphérie de l'enceinte villageoise. Ainsi en est-il des nombreuses aires à blé, ces sphères dallées délimitées par des pierres à chant où les gerbes sont entreposées pour être foulées

Double page précédente :
Au cœur du Liamone siège l'important bourg de Vico.

Isolé dans la vallée au cœur d'une luxuriante végétation, le moulin de Venzolasca s'enorgueillit d'un pont génois.

par les bœufs : « Le paysage est charmant et animé ; les villages sont nombreux. Dans les champs, les paysans se livrent au dépiquage des blés, travail barbare. [...] Sur une aire, les gerbes sont étendues et les bœufs tranquilles écrasent de leur pied lourd les blonds épis » (V.-E. Ardouin-Dumazet, *Voyage en France. La Corse*). Quelques-unes subsistent autour de Sant'Antonino, de Vallica, de Girolata ou d'Olmi-Cappella. De granges, il n'y a point : sans doute les récoltes ne sont-elles pas assez substantielles pour justifier l'implantation de bâtiments de stockage. Les javelles, disposées en tas, sèchent à même les champs.
Nombreux sont les moulins établis à proximité des rivières et des torrents pour moudre le blé ou broyer olives et châtaignes. Il s'agit de constructions traditionnelles dans lesquelles sont abritées de puissantes meules. Celles-ci sont mues, soit par des roues horizontales, soit par une roue verticale à augets. Comme beaucoup de rivières manquent de puissance, des aqueducs et des canaux de dérivation sont aménagés pour accroître le débit et donc la force motrice de l'eau. De ce point de vue, spectaculaire est le moulin situé à la périphérie de Vescovato. Moins répandus sont les moulins à vent : à l'écart des habitations, leur silhouette trapue se remarque surtout sur les éminences ventées du cap Corse, au col de la Serra notamment, et dans la région de Bonifacio. Il s'agit de simples moulins-tours, typiques des pays méridionaux, pourvus d'un toit conique et pivotant pour placer les ailes au vent. Malheureusement, la plupart sont aujourd'hui en ruines.

Séchoirs et bergeries

En Castagniccia, et partout ailleurs où les châtaigniers dominent, sont disposés de nombreux séchoirs à châtaignes. C'est là que les abondantes récoltes sont acheminées à dos d'âne. Ces bâtisses sont à niveau et couvertes

d'un toit à double pente équipé d'une cheminée. Les fruits reposent à l'étage sur un plancher à claire-voie qui leur permet de profiter de la chaleur du foyer entretenu au rez-de-chaussée. Ce bâtiment est si précieux que l'on n'hésite pas à profiter de tout édifice abandonné ; même les chapelles trouvent là une reconversion : ainsi en est-il de Saint-Roch, à Croce, et de Sant'Andrea, près du hameau d'Espago, dans les environs de Bisinchi.

Moutons, chèvres et brebis sont parqués autour de maisonnettes de pierre construites en contrebas des villages et semblables à celles encore visibles à Tralonca. Naturellement, ces bergeries sont aussi installées sur le chemin des pâturages d'altitude et de plaine ; là se constituent de véritables hameaux, à l'exemple de ceux de Bitalza et de Naseo dans le massif de Cagna. Ces constructions sont généralement de simples quadrilatères de plain-pied, élevés à l'aide de pierres sèches et ceints d'un mur d'enclos. L'homme peut y habiter et y parquer son troupeau. Tous les ustensiles nécessaires à ses travaux sont à portée de main : chaudrons, seaux, passoires… Parfois, ces logements sont aménagés au sein des roches environnantes. La moindre cavité fait l'affaire. Et tant pis pour le confort ! Cette rusticité séduit le voyageur en quête d'authenticité : « Pas de maison, l'abri. Le climat est si beau, la vie si facile ! Rien qu'une niche pour les jours de grande pluie. Et alors qu'importent la fumée, la lampe mourante, puisqu'il est convenu que le toit, c'est la prison, et qu'on ne vit bien qu'en plein soleil » (A. Daudet, *Paysages gastronomiques*). Toutefois, « à la plaine » où les bergers cultivent aussi quelques lopins de terre, ces locaux offrent un peu plus de commodités : si le rez-de-chaussée est réservé au travail, l'étage ne sert qu'au logis.

Ci-dessus :
Une bergerie dans les environs de Sant'Antonino.

Ci-dessous :
L'aire à battre le blé d'Occi.

Quant aux écuries, étables et porcheries, elles sont rares. Il n'y a guère que certaines localités du cap Corse et de l'arrière-pays d'Ajaccio qui en sont dotées. Les chevaux restent généralement aux prés : « Le jardin, fermé de murs, touchait à un terrain assez vaste, enclos de haies, où l'on mettait les chevaux, car les chevaux corses ne connaissent guère l'écurie. En général, on les lâche dans un champ et l'on s'en rapporte à leur intelligence pour trouver à se nourrir et à s'abriter contre le froid et la pluie » (P. Mérimée, *Colomba*). Les vaches et les cochons divaguent sur les routes et les chemins. Sans gêne, ils n'hésitent pas à se mêler aux villageois dans les ruelles et sur les places. C'est là une particularité qui heurte nombre de visiteurs continentaux. L'abbé Gaudin, en séjour à Loreto-di-Casinca l'année 1788, écrit : « Les bestiaux n'y ont même pas d'abri contre les injures de l'air : pendant la nuit, ils sont dispersés dans les rues du village. Ces rues étroites, tortueuses, presque partout hérissées de rochers, d'ailleurs sans cesse occupées par une multitude de porcs qui n'ont pas d'autre demeure, offrent des embarras de toute espèce et la plus dégoûtante malpropreté » (*Voyage en Corse...*). Au siècle suivant, Paul Bourde lui fait écho : « Les arrêtés préfectoraux et municipaux y échouent contre la force des choses ; on a beau ordonner de parquer les animaux dans des endroits clos, les animaux n'en vagabondent pas moins sans cesse. J'ai vu des porcs attachés par des laisses aux portes des maisons. Que voulez-vous qu'une laisse fasse à un cochon ? Il s'échappe quand il lui plaît et, avec son instinct de bête, s'il y a un jardin en bel état, un champ de blé qui promette, il va donner du groin au milieu des récoltes » (*En Corse*). Les animaux sont si familiers des rues que les maîtresses de maison avaient encore l'habitude, il y a quelques décennies, de jeter par la fenêtre déchets et épluchures à leur intention...

À San-Giovanni-di-Moriani, les chevaux vagabondent en liberté.

Chapitre 6

AU HASARD DES PLACES ET DES RUELLES

C'est en entrant dans les villages corses que se livre leur caractère. La plupart ne semblent qu'un assemblage anarchique de constructions. Certains offrent un visage accueillant : des maisons colorées, des rues presque régulières, des places bien délimitées… Au fur et à mesure de la balade, les secrets de leur organisation se lèvent un à un. Les pans de leur vie sociale et économique se dévoilent. Quant aux us et coutumes, ils ne resteront pas longtemps inconnus à l'étranger…

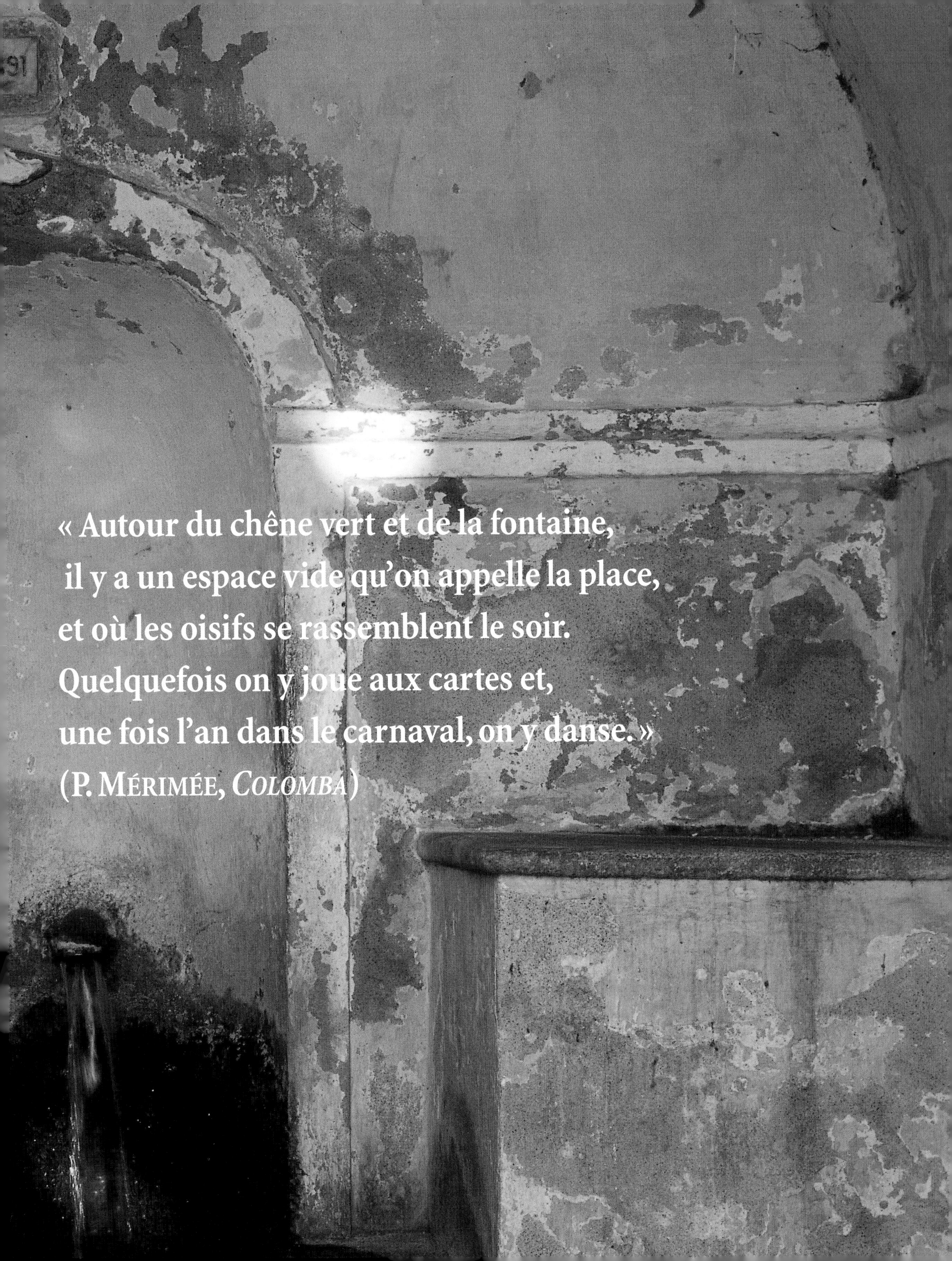

« Autour du chêne vert et de la fontaine,
il y a un espace vide qu'on appelle la place,
et où les oisifs se rassemblent le soir.
Quelquefois on y joue aux cartes et,
une fois l'an dans le carnaval, on y danse. »
(P. MÉRIMÉE, *COLOMBA*)

15

Ci-dessus :
La venelle centrale de Pigna avec sa belle calade.

Page de gauche :
Dans les ruelles empreintes de rusticité se révèle Olmeto.

Double page précédente :
La fontaine centrale d'Erbalunga.

Un habitat groupé

Si les villages corses paraissent peu structurés, cela s'explique avant tout par les contraintes du « perchement ». Ici, la déclivité du versant limite considérablement les possibilités. Là, l'espace disponible est très réduit, parsemé de rochers avec lesquels il faut composer. Placer le maximum de bâtisses en de tels endroits se révèle le pari le plus audacieux. La tâche relève plus du jeu de construction que de l'application stricte d'un schéma directeur. Penser le village de manière rationnelle est vain. De là provient l'allure si typique de ces amas de maisons. Ils ne forment qu'une masse compacte repliée sur elle-même et en parfaite symbiose avec les lignes plus ou moins courbes du terrain. Sant'Antonino en est le plus bel exemple. De plan circulaire, il paraît juste posé sur la roche. Quelques pas d'âne conduisent dans un lacis de ruelles étroites et rythmées de passages voûtés ; un véritable dédale ! Et Speloncato : les venelles n'en finissent plus de serpenter ; entrecoupées d'escaliers, elles s'en vont de recoin en recoin. À Vescovato, des passages étroits et tortueux commandent l'accès aux bâtisses blotties les unes contre les autres de manière à former un bloc hermétique. De tels exemples abondent dans l'île. Le grand avantage de ces assemblages est de répondre aux exigences de sécurité des habitants. Ces groupements de maisons forment d'efficaces remparts. Et comment s'engouffrer en nombre dans ces sentes étriquées propices aux guets-apens ? Que certains villages corses manquent de cohérence, c'est un fait indiscutable. Beaucoup de localités se sont constituées par ajouts successifs ; certaines, à l'exemple de Calenzana, de Poggio-d'Oletta ou de San-Giovanni-di-Moriani, sont éclatées en hameaux. Comment alors parvenir à respecter un plan d'occupation rationnel ? Seules les opportunités du terrain et la volonté des propriétaires semblent avoir guidé le choix des emplacements. À Morosaglia ou à Vallica, par exemple, les bâtisses se dispersent ici et là sans aucun ordre apparent. C'est tout juste si l'on perçoit le tracé de rues : « Au même instant un frémissement courut par la foule, et les yeux se portèrent aux deux extrémités de la rue, si l'on peut appeler rue l'intervalle laissé par le caprice d'une cinquantaine de maisons bâties à la fantaisie de leurs propriétaires » (A. Dumas, *Les Frères corses*). N'est-il pas significatif que ces rues, sauf dans quelques bourgs importants, ne reçoivent pas de nom ? Avec son plan géométrique et ses travées régulières, Cargèse fait bien figure d'exception. Mais n'oublions pas que cette commune est de création récente – elle date du XVIIIe siècle – et, surtout, qu'elle est l'œuvre du génie militaire français.

Toutefois, quelques villages se distinguent par leur simplicité. Ceux-là s'étirent principalement le long des crêtes de Castagniccia et de Casinca. Ils ne sont formés que d'une artère centrale bordée de deux rangées de maisons et de quelques ruelles transversales. Quercitello, Penta et Venzolasca en sont de parfaites illustrations. D'autres ont un semblant d'ordonnance : une sente se faufile entre les constructions, marquant une pause à certains paliers pour former des placettes. Ainsi en est-il à Poggio-d'Oletta : « Une rue étroite et fraîche, puis de petites places carrées qui se commandent les unes les autres comme les pièces d'un appartement » (J. Green, *Journal*). Plus ouverts, plus vastes, plus peuplés, certains villages de Balagne

ressemblent aux clairs bourgs provençaux : les rues s'élargissent ; elles s'ouvrent sur de belles esplanades, autour de l'église notamment. Une configuration dont s'enorgueillit aussi Vico : la place des Quatre-Fontaines, ornée de la statue de l'évêque Casanelli d'Istria, lui donne des airs citadins.

La maison corse

Parties vitales des villages, les maisons sont l'objet de toutes les attentions. Un grand soin est apporté à leur construction. Tout le monde retrousse ses manches : les membres de la famille, les voisins… L'entraide a valeur de règle. Nul besoin d'architectes ni de maçons professionnels ; ce n'est que dans la seconde moitié du XIXe siècle que des artisans, généralement d'origine italienne, œuvrent dans les villages. Bien campées sur leurs assises, elles se dressent avec aplomb, sûres de leur solidité. Elles sont comme le reflet de l'âme corse : droites et sans fioriture.

Leur mission est d'abord d'assurer la défense de leurs occupants. Michel Lorenzi de Bradi écrit d'ailleurs : « Le Corse a été un soldat et non pas un artiste » (*La Corse inconnue*). Surtout, elles doivent durer dans le temps. Ne sont-elles pas destinées à accueillir toute la descendance ? Les matériaux employés à leur construction ont été extraits dans les environs : le schiste dans le cap Corse, le Cortenais et la Castagniccia, le granit et ses infinies nuances dans l'au-delà-des-monts. Voilà sans doute pourquoi certains villages apparaissent si harmonieux et créent l'illusion de se confondre avec leur socle. À la manière des citadines, elles se dressent sur deux ou trois niveaux, quelquefois plus : « Les maisons sont en général bien bâties, élevées sur plusieurs étages, souvent assez vastes pour contenir plusieurs locataires, entassés les uns sur les autres comme dans les villes » (abbé Gaudin, *Voyage en Corse…*). Les pleins l'emportent toujours sur les vides. En effet, peu nombreuses, les fenêtres sont étroites : non seulement c'est un gage de sécurité, mais c'est aussi une protection contre l'ensoleillement et les vents trop forts. Une simple marche, un perron ou un escalier en grosse pierre de taille mènent à la porte d'entrée de l'habitation. Une abside les prolonge parfois ; c'est là que se loge le four à pain. Les toitures, généralement à double pente et à faible déclivité, sont couvertes de lauzes dans le nord de l'île et de tuiles canal dans le sud. Telle est l'allure générale de la maison corse : « Une quinzaine de maisons, plantées çà et là, comme des rochers sur une pente, les unes grises, les autres bistrées, semblables avec leurs escaliers en hors-d'œuvre, leurs petites fenêtres,

Ci-dessus :
Velone et ses alignements de maisons simples et secrètes.

Page de droite :
Vico a déjà des airs de bourgade avec ses hautes maisons, ses quelques commerces et sa grande place ornée de la statue de l'évêque Casanelli d'Istria.

Double page précédente, à gauche :
Les passages voûtés sont une caractéristique essentielle de l'habitat perché et des villages corses. Ici, l'entrée dans le cœur de Lama.

À droite :
Speloncato et son labyrinthe de ruelles : à chaque montée, à chaque coin, une nouvelle découverte…

TRAITEUR

leurs toits moussus. Presque toutes ont un four, un poulailler » (M. Lorenzi de Bradi, *La Maison corse*). Quant à l'agrément d'un jardin, il ne faut guère y compter : l'espace est trop précieux et le sol souvent trop rocailleux. L'abbé Gaudin, en visite à Loreto, est surpris de cet aspect : « Du reste, pas une seule maison qui soit séparée des autres par une enceinte particulière, qui jouisse d'une cour ou d'un jardin contigu, ni aucune commodité pour les usages domestiques, telles qu'on les rencontre dans les campagnes de tous les autres pays » (*Voyage en Corse...*). Si les habitants jouissent de quelques lots à cultiver, c'est aux abords immédiats du village qu'ils se trouvent.

Bien sûr, des variantes se constatent selon les régions. Les maisons des marines du cap Corse et celles des hameaux de bergers « à la plaine » se distinguent par leur forme plus allongée et leurs dimensions plus modestes. Dans le Niolo, à Asco notamment, beaucoup ont une forme cubique. Leur toit plat permet d'y stocker le blé et les fruits afin de les faire sécher. Est-ce un héritage de l'occupation mauresque ? Les avis divergent et rien ne peut être établi avec certitude. Spécifiques à certaines localités sont ces toitures faites de bardeaux de bois ; ceux-ci sont taillés dans le tronc des pins laricio, essence parfaitement imperméable.

Heurtoir à Venzolasca.

Maisons de paysans et maisons de notables

L'intérieur de ces demeures brille aussi par sa sobriété. Cave et rez-de-chaussée servent de remise pour l'outillage courant et d'abri pour quelques bêtes. Ainsi, en Balagne, pays de l'olivier, c'est dans l'une de ces pièces que se trouve le moulin « à sang », lourde meule actionnée par un âne. Puis c'est la montée vers les étages. Peut-on s'offrir le luxe d'un escalier ? Pas toujours, d'autant plus que, si la famille est nombreuse, l'espace est compté. Des échelles de meunier font tout aussi bien l'affaire. On accède ainsi à quelques chambres et, surtout, au cœur du logis : la salle commune. Tous les membres s'y rassemblent, tous les repas y sont donnés. Dans un coin se trouve l'espace alloué à la cuisine, dans un autre celui de l'eau. Au centre se remarque, aménagé au sol, un cadre de bois surmonté de pierres et de briques ; c'est le *fucone*, dalle réservée au feu domestique : « Nous sommes entrés dans une maison où le bienheureux capitaine nous a fait déjeuner. Quelques charbons se trouvaient au milieu de la cuisine entre trois ou quatre pierres rangées en carré, la fumée s'en allait au ciel à travers les poutres du toit » (G. Flaubert, *Pyrénées-Corse*). Plus sophistiqué, le modèle sur pied est tout aussi répandu ; il présente l'avantage de pouvoir être déplacé. Quelle que soit sa conception, ce foyer est d'abord utilisé pour la cuisson des aliments. Mais la chaleur produite peut aussi servir au fumage de la charcuterie et au séchage des châtaignes entreposées juste au-dessus de l'âtre, dans le grenier. Alors le plafond n'est constitué que d'une claie et la fumée est évacuée par les cheminées du toit. Les meubles sont peu nombreux et d'une absolue rusticité ; nulle magnificence, nul superflu ! Des chaises, des bancs, une longue table, un pétrin, une armoire... Les lits sont de simples paillasses de maïs. Quelques images pieuses ornent les murs. La maison d'un simple paysan est-elle identique à celle d'un notable ? Certes, les villages corses affichent une belle unité, mais il n'en demeure pas moins que leurs murs renseignent sur la hiérarchie sociale locale. Des fenêtres nombreuses et larges, des volets à persienne, un balcon, voilà les signes d'une position bien établie. Le principal indice est fourni par la facture et le style de la porte d'entrée : un heurtoir ouvragé, des panneaux sculptés, une imposte avec une grille en fer forgé ou de solides pierres d'encadrement sont autant de marques distinctives. Cependant, quelques constructions étonnent vraiment par leur qualité architecturale. Elles s'imposent au regard. Leur volume, leurs lignes, leur décoration raffinée, tout montre que leurs propriétaires sont de condition supérieure. Les plus anciennes sont les *casa forte*, ces maisons fortes d'origine nobiliaire dans lesquelles les populations peuvent se réfugier en cas de conflit. Elles ressemblent à de hautes et puissantes tours, parfois équipées de mâchicoulis. Plusieurs subsistent dans l'au-delà-des-monts : Sainte-Lucie-de-Tallano, Fozzano, Bicchisano… Elles se remarquent aussi dans le cap Corse : lassés de vivre sous la menace perpétuelle des razzias barbaresques, les notables locaux ont entrepris, au XVIe siècle, la construction de solides habitations fortifiées. Les tours militaires récemment bâties à intervalles réguliers sur le littoral par les Génois les ont certainement inspirées. Ainsi s'élèvent au cœur des villages de la péninsule ces édifices de plan carré couronnés de créneaux et pourvus de meurtrières et d'échauguettes. Des treize *case torre* qui défendaient Morsiglia, quatre subsistent aujourd'hui dans le hameau de Pecorile.

Plus surprenantes sont les demeures des « Américains », ces aventuriers cap-corsins qui vont, dès le XVIIIe siècle et jusqu'au début du XXe, chercher fortune au Pérou, au Venezuela ou à Porto Rico. De retour au pays, ils n'ont de cesse d'afficher leur belle réussite. Les uns commandent à des architectes ligures ou toscans de somptueux petits palais à la mode italienne ; colonnes et fronton à l'entrée, corniches et chaînes d'angles saillantes, baies larges et encadrées de moulures, enduit au lait de chaux, telles sont leurs principales caractéristiques ; la villa Saint-Pierre, à Sisco, est l'une des plus belles de ces réalisations. Les autres, par nostalgie ou par goût de l'exotisme, préfèrent se faire construire des demeures de style sud-américain ; voilà des bâtisses ornées de balcons ouvragés, agrémentées d'une véranda ou équipées d'un monumental escalier. Telle une hacienda, le palais Guelfucci, à Morsiglia, s'organise ainsi autour d'une vaste cour centrale. Quelle profusion de pièces à l'intérieur ! Un salon, une salle à manger, une salle de réception, une cuisine et de nombreuses chambres desservies par un savant jeu de couloirs…

De pareils édifices rappellent les grandes heures des villages, ce temps où les principaux

Hautes et colorées, avec loggias ou balcons, les habitations de notables se distinguent au centre du village. Ici, une vieille demeure de Cassano.

Le fameux belvédère florentin de Lama.

producteurs profitaient d'une conjoncture économique très favorable pour réaliser de belles affaires. Les viticulteurs du cap Corse ainsi que les oléiculteurs de Balagne et de la vallée de l'Ostriconi prospèrent aux XVIIIe et XIXe siècles. Ils sont les principaux commanditaires de ces splendeurs. À Lama, ces riches familles ont même une coutume originale : elles envoient leurs fils étudier en Italie ; à leur retour au bercail, ceux-ci doivent participer à l'embellissement de la propriété en proposant d'y incorporer les détails architecturaux qu'ils ont le plus admirés durant leur séjour dans la péninsule ; c'est ainsi que se remarquent encore dans ce village un superbe belvédère florentin et une maison à loggias. Quel contraste entre ces somptueuses demeures et les modestes maisons du quartier dit « du *Mercadu* », tassées et accolées les unes aux autres... Si la stratification sociale est ainsi parfois bien marquée dans l'espace villageois, quelques âmes charitables parviennent à la rendre moins évidente : à Lumio, au XVIIIe siècle, l'abbé Colonna de Leca ordonne la construction d'une élégante demeure à arcades, le *Carrubu*, afin d'y loger les plus démunis.

Gardons-nous des apparences : si la maison traditionnelle corse paraît parfois austère et fermée, elle est réputée accueillante. Certaines se prolongent sur l'extérieur par la *piazza*, ce petit espace non clos et accessible à tous. Si l'étranger respectueux n'ose s'y aventurer, le voisin s'y sent comme chez lui ; c'est là qu'il viendra échanger quelques mots ou donner un coup de main pour des menus travaux, la coupe du bois par exemple. « *I vicini so cusini* », ont coutume de dire les villageois : « Les voisins sont nos cousins. » Des bancs de pierre sont accolés aux façades, de part et d'autre de l'entrée, comme une invitation permanente à la rencontre et à la discussion. S'ils n'ont pas été prévus, on se contente de chaises de paille. Les perrons sont parfois si volumineux qu'ils forment une petite terrasse où passants et convives sont les bienvenus. Rappelons que l'hospitalité est une vertu corse séculaire. L'abbé Gaudin le constate à plusieurs reprises lors de son séjour : « Tout étranger qui se trouve engagé dans leurs montagnes peut hardiment se présenter au premier village pour y demander un asile. Quelque inconnu qu'il soit, il est sûr de trouver un accueil honnête et empressé, souvent une générosité fort au-dessus des moyens de son hôte, sans qu'il soit possible d'en placer aucune, car toute offre de sa part y serait regardée comme un affront » (*Voyage en Corse...*). Gustave Flaubert lui fait écho : « Il était tard quand nous sommes arrivés à Ghisoni, maigre village où il me semblait impossible de loger des honnêtes gens. On nous a conduits devant une grande maison grise et délabrée. Quoiqu'il fît nuit, je ne voyais aucune lumière aux fenêtres, et la porte qui s'ouvrait sur la rue était celle d'une salle basse où grognaient des pourceaux. À un angle de cette pièce enfumée était placée une large échelle en bois et dont les marches peu profondes ne permettaient de monter qu'en se tournant de côté. Nous avons trouvé le maître et sa femme qui ne nous attendaient que le lendemain. Ils se sont beaucoup excusés sur ce qu'ils avaient déjà dîné, et se sont mis tout de suite à préparer notre repas. [...] Vous voyagerez dans toute la Corse, vous y serez partout bien reçu, on vous accueillera d'une manière cordiale qui vous ira jusqu'au cœur, et le lendemain matin votre hôte pleurera presque en vous quittant » (*Pyrénées-Corse*). D'ailleurs, le logis se divise entre les pièces dites « de réception » (la cuisine, la salle commune) et celles réservées strictement à l'intimité familiale (les chambres).

Monuments publics et commerces

Autres lieux incontournables des villages : les monuments publics et les commerces. Denrée indispensable à la vie, l'eau est l'objet d'une attention accrue aux XVIIIe et XIXe siècles. Chaque village a maintenant ses fontaines, tel Morosaglia : « C'est un lieu charmant, ombragé de châtaigniers, où coulait une fontaine fraîche et abondante, dont les eaux étaient rassemblées avec soin et distribuées pour les usages domestiques des habitants, comme on le voit dans presque tous les villages de la Corse » (abbé Gaudin, *Voyage en Corse...*). Cette conquête mérite célébration : étonnante est la fontaine de Vescovato, avec son aigle de fonte ; imposant et soigné est le bâtiment à arcades sis à l'entrée de Loreto. Certaines se distinguent par leur bassin circulaire et leur colonne ornée de mascarons. Toutefois, la majorité ne sont que des constructions rustiques : simple auge rectangulaire protégée par une voûte de pierre, édicule fait de galets maçonnés... Si les unes animent les places de leur chant, les autres sont établies aux abords de la commune ; un lavoir leur est alors généralement accolé, comme on peut le voir dans le hameau de Cannelle ou à Piedicroce. Le four à pain occupe une position centrale. À Campodonico, il fait face au sanctuaire, près d'un petit clocher de bois. D'ailleurs, dans les communes de Castagniccia, il est très souvent placé à proximité du campanile ; c'est pour cela qu'il est baptisé *forno di campana*, « le four des cloches ». Dans les localités étendues, comme Bastelica, chaque quartier a le sien.
Quant aux mairies et écoles, leurs murs ne se différencient guère des autres constructions.

Ci-dessus :
La belle fontaine du hameau de Cannelle, au-dessus de Centuri, est enchâssée dans la roche. Juste à côté sont installés le lavoir et l'abreuvoir.

Page de droite :
À Paomia, sur les hauteurs de Cargèse.

Ci-contre :
Les quotidiens régionaux et locaux aidaient les villages à sortir de leur isolement.

En haut : Anciennes plaques publicitaires à l'entrée de Cervione.

En bas : Vieille enseigne dans une rue de Grosseto.

Ci-dessus :
À Vico, village situé sur un axe de communication important, la publicité s'invite sur les façades.

Rares sont les villages à avoir regroupé ces édifices. À cet égard, Morosaglia fait presque figure d'exception : d'un côté de l'église se trouvent les bureaux de la mairie et de la justice de paix, de l'autre s'étire l'ancienne école Pascal-Paoli. Pour ces villages isolés les uns des autres, comme coupés du monde, l'administration postale est un progrès décisif. Seules les communes les plus importantes auront la chance d'accueillir un bureau de poste à l'extrême fin du XIXe siècle. Les autres se contenteront d'une « mougeotte », simple boîte aux lettres métallique, et attendront la tournée du facteur. S'il est un édifice infiniment respecté des villageois, c'est le monument aux morts : il se dresse devant l'église. Rappelons que la Corse a payé un très lourd tribut à la Grande Guerre : entre dix mille et quarante-huit mille victimes selon les historiens ! Est-ce pour plus de sacralisation que les noms des enfants morts pour la patrie sont parfois inscrits dans un cartouche à même la façade du sanctuaire ? Tel est le cas, par exemple, à Saliceto. Longtemps ces villages se dispenseront d'échoppes.

Les produits des cultures et des jardins, les salaisons, les châtaignes... toutes ces ressources locales satisfont les habitants. L'autarcie est une nécessité, dans ces lieux difficiles d'accès et isolés les uns des autres. De toute façon, colporteurs et autres commerçants ambulants passent régulièrement. Un débit de boissons suffit à la communauté. Si la demande existe et en complément de ressources, le tenancier lui adjoint une petite épicerie. Toutefois, les choses évoluent dans la première moitié du XXe siècle, surtout dans les bourgs les plus importants. Quelques éleveurs ouvrent une boucherie-charcuterie. Puis, lorsque les familles perdent l'habitude de faire elles-mêmes leur pain, les boulangeries deviennent indispensables. Ces commerces se distinguent par leur absolue simplicité : pas de vitrine, pas d'enseigne tape-à-l'œil ; juste un enduit blanchâtre et les inscriptions nécessaires en lettres rouges...

Ci-contre :
L'hommage aux innombrables victimes de la Grande Guerre. Ici, la plaque commémorative de Cassano.

Ci-dessous :
Ancienne boîte postale à Calenzana. Dans de nombreux petits villages, cet objet est apposé, pour plus de commodité, au mur de l'église.

Page de droite :
Dans une ruelle de Piana.

Les travaux et les jours

Les villages étaient-ils aussi calmes que Poggio-d'Oletta ainsi décrit par Julien Green ? « En s'y promenant, on a l'impression d'être chez quelqu'un qui est sorti. Personne. Dans une fenêtre, une colombe blanche sur le rebord de pierre, contre le grand fond noir de la salle vide. Les belles demeures sévères nous regardent. Pas un son. Un petit chat de couleur de fumée joue sur les marches d'un perron. Un enfant de quatre ou cinq ans nous considère en silence » (*Journal*). Les villages ayant perdu une partie de leur population et les conditions économiques ayant changé, il est difficile aujourd'hui de se faire une idée précise de l'ambiance qui y régnait jadis. Cette description de Calacuccia datée de 1933 est plus vivante : « Je suis à l'entrée du village, remontant doucement la route qui forme la grand'rue de Calacuccia. Sous les platanes, des hommes marchent lentement, qui s'interrompent de parler politique pour me reconnaître et me parler en souriant. Des mulets vont devant moi de leur pas étroit, faisant sonner leurs clochettes, avec sur le dos des sacs de farine de châtaigne que maintiennent les grosses cordes en poil de chèvre ; des poules picorent dans les ruisseaux, effarouchées brusquement par l'arrivée d'une truie sombre à l'air hargneux ; sur le pas des portes, des femmes tout en noir, accroupies sur leurs talons, tricotent en surveillant des marmots ; des hommes

habillés de velours devisent, adossés au mur de la poste, en fumant l'herbe corse dont l'odeur âcre parvient jusqu'à moi ; des brebis descendent avec des bêlements en soulevant un nuage de poussière, précédées d'un jeune berger qui, un parapluie en bandoulière, règle la marche du troupeau et porte dans ses bras les derniers nés des agneaux » (Ch. de La Morandière, *Au cœur de la Corse. Le Niolo*). En fait, comme dans toute autre bourgade rurale, la vie est rythmée par les travaux quotidiens et saisonniers. Aux femmes reviennent principalement les tâches domestiques. Elles se rendent au lavoir à l'occasion des lessives. Elles vont à la fontaine pour la corvée d'eau. Beaucoup de photographies anciennes nous les montrent vêtues de noir, le ballot de linge ou la cruche sur la tête ; des images qui n'ont rien de romanesque ni de folklorique : « J'ai fait un assez long séjour dans un village habité par plusieurs particuliers aisés et des meilleures familles du pays, il n'y avait que deux femmes seules qui n'allassent pas chercher elles-mêmes et porter sur leur tête l'eau nécessaire au service de leur maison, et l'on m'assura que cette exception était très récente » (abbé Gaudin, *Voyage en Corse...*). Chaque samedi, elles se retrouvent au four communal pour y cuire le pain. Ces activités leur fournissent pratiquement les seules occasions de se côtoyer hors du logis. Leur sociabilité repose donc d'abord sur le travail. Elles cultivent le jardin et soignent le verger. Certaines ont des activités commerçantes : les femmes d'Alata, par exemple, vont chaque jour à Ajaccio pour y proposer laitages et fruits. Quant aux hommes, les travaux des champs et les soins de l'élevage leur incombent. Ainsi sont-ils obligés de quitter régulièrement l'enceinte villageoise. À l'approche des semailles et des moissons, ils descendent dans les plaines cultivées : « La situation des villages, suspendus, comme nous l'avons dit, aux flancs des montagnes, oblige les habitants à s'en éloigner pour cultiver les terrains arables généralement situés au fond des vallées, à une grande distance de leurs maisons. Cette distance est quelquefois de sept à huit lieues de marche. Le paysan corse descend à certaines époques vers ces sortes de colonies pour y faire les semailles et la moisson, puis il retourne à sa métropole » (A.-J. Blanqui, *Rapport sur l'état économique et moral de la Corse*). C'est ainsi, par exemple, que les paysans

Ci-dessus :
À l'entrée de Saliceto, village où la rudesse de la pierre est atténuée par la beauté du site.

Page de gauche :
À Bastelica, chaque quartier dispose de son four à pain.

des villages de Balagne et du Nebbio se rendent de manière saisonnière dans les Agriates.

Douceur de vivre ?

Dans les régions du Niolo, de l'Asco ou de l'Alta Rocca, pays d'élevage, la vie des communes est soumise à de rudes impératifs calendaires. Il n'y a guère que le printemps où toute la population se retrouve au village. Lorsque l'été arrive, les hommes, bergers pour la plupart, mènent les bêtes dans les pâturages d'altitude. Puis, lorsque l'hiver s'annonce, ils descendent « à la plaine ». Là, ils attendront avec leurs troupeaux le retour des beaux jours. Pendant ce temps, les femmes, restées à la maison, ne chôment pas : elles s'occupent des salaisons ou des châtaignes... Dans le Niolo, elles font du tissage et du filage leur spécialité : « Les femmes, laissées seules à la maison, travaillent sans relâche à faire la toile et le drap grossier qui les couvrent ; elles en vendent même une partie à l'étranger, ce qui est une source de richesse, source à la vérité peu abondante, mais qui suffit pour y entretenir la plus grande activité : car je n'ai pas vu une seule petite fille de six à sept ans qui, dès que ses doigts pouvaient manier le fuseau, ne fût occupée à filer ou à quelque autre ouvrage semblable » (abbé Gaudin, *Voyage en Corse...*).

Comment les villageois occupent-ils leur temps libre au village ? Car, des loisirs, ils semblent en avoir beaucoup ; surtout les hommes, une fois les semailles et les moissons achevées. Gustave Flaubert témoigne : « Hors de là, le paysan se tient chez lui sans sortir deux fois par an de son rocher où il vit sans rien faire, paresseux, sobre et chaste » (*Pyrénées-Corse*). Du repos avant tout ! La sieste et des jeux ! « Dès deux heures, au sortir de table, le paysan corse, par des sentiers pierreux et brûlés de soleil, gagne la belle ombre verte. Il retrouve là tous les autres hommes du village, les jeunes et les vieux. Couchés, vautrés au hasard des roches et des racines dans la clarté douce qui pleut des hautes branches, ils forment des groupes pittoresques, jouent à la *mora*, au loto, ou ressassent entre eux des histoires de bandits. Quelques-uns font la sieste. [...] Ceux que le continent a déjà affinés font, pour se coucher, des lits de fougères, et la journée se passe *o fresco*, parmi le calme et le demi-jour, glauque dans les cimes feuillues, bleuté près des sources, de la châtaigneraie corse » (J. Lorrain, *Heures de Corse*). Faut-il parler de paresse ou de douceur de vivre ? Si romanciers et chroniqueurs observent cette inactivité avec bienveillance, elle choque l'économiste Adolphe-Jérôme Blanqui : dans leur village, les habitants « n'exercent aucune industrie, ils y cultivent à peine quelques maigres jardins. On les rencontre en été par centaines, assis ou couchés sous les porches des églises ou bien accroupis sur les vieux troncs des châtaigniers, autour d'un jeu de cartes, cet autre fléau » (*Rapport sur l'état économique et moral de la Corse*). Des observations justes, mais qu'il convient de ne pas pousser à la caricature : en effet, l'artisanat a beaucoup profité de cette disponibilité. Les cultivateurs forgent eux-mêmes leurs outils à la morte-saison. Celui-ci devient vannier ou ébéniste, celui-là se fait maréchal-ferrant ou forgeron... N'est-ce pas grâce à de telles reconversions que nombre

Ci-contre :
Dans le dédale de Pietralba, les passages voûtés apportent l'ombre salvatrice et permettent de composer avec l'espace restreint.

Page de droite :
Dans une rue de Lumio ; les bancs sont une composante essentielle des villages corses.

Double page précédente, à gauche :
Comme dans la plupart des pays méditerranéens, les chats animent les ruelles des villages ; ici, une venelle de Pigna.

À droite :
Dans le centre d'Urtaca, village accroché à une arête rocheuse au-dessus de la vallée de l'Ostriconi.

Ci-contre :
Avec l'église et la place centrale, les buvettes sont les hauts lieux de la sociabilité villageoise. Ici, l'un des débits de boissons de Corbara.

Page de gauche :
Comme une invitation à déambuler, les ruelles du quartier inférieur de Nonza.

de villages corses sont parvenus à vivre pratiquement en autarcie ?
Si les femmes se réunissent quotidiennement à l'église pour prier, les hommes fréquentent assidûment la buvette. C'est que le plaisir de la discussion est une réalité insulaire. D'ailleurs, la plupart des places sont entourées d'un banc-parapet où les villageois aiment se retrouver. À Piana, la gente masculine se donne rendez-vous sur le banc qui ceinture l'église chaque matinée dominicale ou aux dernières lueurs du jour. La chasse est l'un de leurs passe-temps favoris, une activité exclusivement masculine ; c'est que la traque du gibier mène dans le maquis et la forêt, ces sphères sauvages peu recommandées. La fête votive vient rompre la monotonie des jours. On danse, comme à Pigna, la *moresca*, évocation des anciennes rivalités avec les Sarrasins. On s'exerce au tir au coq comme à Ucciani. Les grandes dates religieuses donnent lieu à d'impressionnantes célébrations collectives. Une place particulière doit être faite à la Santa du Niolo, chaque mois de septembre, importante manifestation sacrée entourée d'activités profanes. On se défie aux jeux deux jours durant, au loto et au bonneteau surtout. Il se dit que de malheureux bergers se sont laissés aller jusqu'à miser et perdre leurs gains de toute une année ! C'est aussi l'occasion de joutes oratoires, sortes de concours d'improvisation poétique ; ces textes évoquent principalement des rivalités ancestrales. Depuis la IIe République, les jours d'élection s'accompagnent de chants et de rondes au son de l'*urganettu*, cet accordéon diatonique très en vogue… Autant d'occasions où les villages sortent de leur réserve : « Le lendemain, au lever du soleil, les gens endimanchés affluèrent, venant par les sentiers ou par la route, à pied, à cheval, en cabriolet. Bientôt, le village résonna d'une allégresse bruyante. Ici, on chantait ; là, on raclait de la guitare, on jouait aux cartes ; les joueurs lançaient des jurons terribles qui faisaient se signer les femmes. Des groupes de jeunes gens parcouraient le village en se tenant par le bras, le chapeau incliné sur l'oreille, une fleur à la bouche » (M. Lorenzi de Bradi, *La Maison corse*).

Chapitre 7

Le village et la vendetta

Une atmosphère pesante règne sur certains villages ; cette allure sévère, ces maisons aux murs épais et aux rares ouvertures, ces ruelles étroites et sinueuses où le soleil ne pénètre pas, ces silhouettes fugitives... Ces lieux semblent hantés par une histoire lourde et tragique. Des familles se livrent des conflits déclenchés pour de simples intérêts matériels ou de hautes questions d'honneur ; la vendetta est bien une réalité et le bandit ne tarde pas à devenir une figure légendaire.

« Berceaux évocateurs des légendes antiques,
Foyers où vit encore le rude orgueil des clans,
J'ai gardé le reflet des vendettas tragiques,
L'âme de Colomba me berce de ses chants. »
(A. Nicolai, *Les Villages corses*)

Familles et clans

À chaque village son territoire, et malheur à celui qui ne le respecte pas. L'espace est si précieux, en Corse, que les conflits de possession et d'usage sont fréquents. Les habitants de Calenzana se disputent maintes fois avec les bergers descendus du Niolo pour faire paître leurs troupeaux dans la plaine de Balagne. Ficaja et Croce, en Castagniccia, se déchirent au sujet de la propriété de parcelles cultivables et du droit de passage des bêtes sur certaines terres. Il se dit que les habitants de Ghisoni ne peuvent jamais s'entendre avec ceux de Vezzani. Longtemps les gens de Lama ne voient en leurs voisins d'Urtaca que des traîtres ; ils se méfient aussi des « renards de Novella », ces fieffés rusés… Si ces querelles de clochers abondent, la vie des villages est surtout secouée par d'incessantes rivalités familiales. Bien que très attaché à son village, le Corse appartient d'abord à sa famille : « Point de salut hors de la famille », a-t-il coutume de dire… Tout est donc prétexte à la vengeance : une injure, une accusation, une simple poule passée chez le voisin et jamais retournée… De vrais drames ont lieu : à Venzolasca, les Sanguinetti et les Paoli ne cessent de se canarder dans les dernières décennies du XIXe siècle ; à l'origine de la brouille, une futile question de propriété et, selon la mémoire locale, seule l'extinction complète des deux clans peut ramener le calme dans le bourg. À Parata, un grand-père ose réprimander une petite-fille ; toute sa famille sera supprimée !

Les luttes de pouvoir sont les principaux déclencheurs de troubles. Au début du XIXe siècle, Adolphe-Jérôme Blanqui témoigne qu'il est fréquent de croiser dans les rues « des troupes d'hommes armés de pied en cap, des familles entières marchant militairement les unes contre les autres ». C'est que les grandes lignées n'ont qu'une obsession : mettre le village sous leur coupe ! Elles ont leur maison fortifiée, dont quelques villages conservent aujourd'hui le souvenir : Olmeto, Sollacaro, Fozzano… « Je ne dois pas oublier une espèce de fortification que j'appellerais volontiers domestique et qui n'est destinée qu'à défendre une famille contre les attaques de ses voisins. Ce sont des mâchicoulis, disposés en avant d'une fenêtre, au-dessus de la porte d'entrée, laquelle est d'ordinaire assez élevée et précédée d'un escalier étroit et raide » (P. Mérimée, *Notes d'un voyage en Corse*). Chacune recherche

Double page précédente :
L'une des sentes escarpées et intimidantes de Sant'Antonino.

Ci-dessus :
Olmeto : c'est dans ce village que s'éteignit celle qui inspira à Mérimée sa célèbre nouvelle, *Colomba Bartoli*.

Page de gauche :
C'est à Fozzano que Mérimée rencontre Colomba Bartoli et prend connaissance de son histoire. S'il transpose l'action de sa nouvelle à Pietranera, ce sont bien les maisons fortes et les ruelles tortueuses de Fozzano qui l'inspirent.

des soutiens, et voilà la communauté éclatée en clans ennemis. L'affrontement ne va pas tarder : « Je jetai les yeux sur le village, dans les rues duquel mon regard pouvait plonger et qui semblaient presque désertiques : quelques femmes seulement apparaissaient rares dans les rues ; encore marchaient-elles d'un pas rapide et en regardant autour d'elles » (A. Dumas, *Les Frères corses*). À Arbellara, en 1848, deux partis rivaux, à l'abri derrière leurs maisons forteresses, se livrent une lutte sans merci.

Les tensions les plus vives éclatent à chaque nouvelle élection ou nomination : « Il se dépense dans certaines communes plus d'énergie pour la nomination d'un maire qu'il n'en faudrait à une armée pour gagner vingt batailles, et plus d'un conseiller municipal n'a dû son élection, dans un hameau de cinq cents âmes, qu'à des combinaisons d'une profondeur digne du sénat de Venise. Que devient la justice civile, quand le hasard ou l'influence des élections la font tomber aux mains d'un de ces chefs de famille si laborieusement élus et que le justiciable appartient à une famille rivale ? Et si c'est la justice criminelle, que deviennent l'impartialité des arrêts et la sécurité des personnes ? » (A.-J. Blanqui, *Rapport sur l'état économique et moral de la Corse.*) Et lorsque les mœurs républicaines pénètrent avec plus de force dans les communes, le danger se maintient. La maison commune n'est pas forcément synonyme de fraternité, loin de là. L'ethnologue Gaston Vuillier se souvient ainsi de son passage à Zicavo dans les années 1880 : « À mon arrivée en ce pays de Zicavo, j'avais été impressionné en rencontrant sans cesse des hommes armés dans les sentiers et dans les rues mêmes du village. J'avais constaté avec surprise que les conseillers arrivaient à la mairie avec leurs fusils qu'ils déposaient devant la porte de la salle des séances. Ce n'était point certes un sentiment de crainte que j'avais éprouvé, je savais bien que les montagnards corses respectent le voyageur et le secourent même avec empressement au lieu de le molester, mais j'avais comme la sensation d'un milieu nouveau qui m'échappait, d'un entourage dont je ne pénétrais point les mystères » (*Les Îles oubliées*). On ne se contente pas de fusiller du regard : en 1885, pour un bulletin sujet à controverse lors du dépouillement des suffrages, cinq hommes tombent sous les balles !

Mythes ou réalités

C'est à Fozzano que se produit, dans les années 1830, l'un des drames les plus célèbres : sept morts et de multiples blessés, tel est le bilan de la guerre que se livrent les Carabelli et les Durazzo. Seule la signature d'un traité de paix en bonne et due forme met fin au carnage. Si cette tragédie est connue, c'est parce que Prosper Mérimée, en visite en Corse, fait la rencontre de Colomba Carabelli et de sa fille. Ainsi lui vient l'idée d'en faire la matière de son illustre nouvelle. S'il transpose l'action à Pietranera et modifie le nom des protagonistes,

Dans le village de Lunghignano : à chaque fenêtre, l'œil est peut-être aux aguets.

ce sont bien le cadre et l'atmosphère de Fozzano qui nourrissent l'inspiration du romancier. Cette description des lieux le prouve : « Aux deux extrémités de la place s'élèvent des bâtiments plus hauts que larges, construits en granit et en schiste. Ce sont les tours ennemies des Della Rebbia et des Barricini. Leur architecture est uniforme, leur hauteur est la même, et l'on voit que la rivalité des deux familles s'est toujours maintenue sans que la fortune décidât entre elles. Il est peut-être à propos d'expliquer ce qu'il faut entendre par ce mot "tour". C'est un bâtiment carré d'environ quarante pieds de haut, qu'en un autre pays on nommerait tout bonnement un colombier. La porte, étroite, s'ouvre à huit pieds du sol, et l'on y arrive par un escalier fort raide. Au-dessus de la porte est une fenêtre avec une espèce de balcon percé en dessous comme un mâchicoulis, qui permet d'assommer sans risque un visiteur indiscret » (*Colomba*).

Certains ont eu le courage de s'immiscer dans ces rivalités afin d'y mettre un terme. Combien de fois le curé du village s'est-il évertué à ramener la paix parmi ses paroissiens ! À Poggio-di-Nazza, dans le Fiumorbo, la tradition orale rapporte que le prêtre, soucieux de faire taire les armes, a procédé à une bien étrange incantation : il a pris son fusil, l'a nommé « le Père » et l'a posé contre l'autel ; de même, il a pris son pistolet, l'a nommé « le Fils » et l'a posé sur l'autel ; enfin, il a pris son poignard, l'a nommé « le Saint-Esprit » et l'a brandi vigoureusement tout en priant… Et la concorde est soudain revenue, comme par miracle. Mais à quel saint s'en remettre lorsque l'homme à la soutane est partie prenante dans ces différends ? Ainsi en est-il à Sainte-Lucie-de-Tallano. Ce village vit des heures noires entre 1820 et 1840 : les Poli et les Giacomoni s'entretuent. L'abbé Santa Lucia, proche des Giacomoni, est accusé à tort par un prétendu témoin d'avoir assassiné deux membres du clan ennemi. Vengeur, il lance à son détracteur en plein tribunal : « Ah, tu m'as vu ! Eh bien, mon maître, tu ne verras plus ! » Puis il se jette sur lui et lui crève les yeux à l'aide de son stylet…

Ces éternelles rivalités familiales sont une mine d'inspiration pour les romanciers. Honoré de Balzac écrit *La Vendetta* ; Alexandre Dumas publie *Les Frères corses* ; Guy de Maupassant y consacre plusieurs de ses nouvelles. C'est ainsi que le thème de la vendetta est popularisé. Indissociable de l'image de la Corse et de ses villages, le bandit devient une figure romanesque et romantique.

Ci-dessus :
À San'Antonino.

Double page précédente :
Cateri : volets ouverts ou volets clos, gare à l'espionnite villageoise…

Hors la loi, hors du village

Si ce personnage a la grandeur du mythe, il est d'abord une réalité. Il est celui qui a réparé une offense faite à sa famille ou à lui-même. Il a accompli sa vengeance à découvert, parfois sur la place publique. Alors il se met de lui-même au ban de la communauté. Il quitte le village pour la *campagna*, ce monde sauvage fait de landes, de forêts et de montagnes. Il ne reviendra parmi les siens qu'une fois le temps de sa condamnation écoulé. Cette fuite le met d'abord à l'abri des autorités. Est-il banni de son village ? Pas réellement, puisque la

Ecole
POSTE
Mairie
POSTES

communauté le couvre ; et, par un moyen ou un autre, il parvient toujours à rester en contact avec les membres de sa famille. Qui plus est, depuis ses cachettes, il dicte parfois sa loi : « Dans une commune située à quelques lieues d'Ajaccio, il y a un peu plus d'un an, un de ces bandits contumax imagina de s'opposer au mariage d'une de ses parentes. Ses menaces n'ayant pu intimider le prétendant, le bandit fit savoir que si le maire célébrait le mariage, c'en était fait de lui. Le maire donna sa démission, et depuis treize mois la commune est sans maire, et la fiancée attend en vain le jour qui doit lui donner un époux. Le préfet n'a pu trouver encore un homme assez hardi pour braver la vengeance d'un scélérat qui, du fond des maquis, tient sa commune en interdit et les lois en suspens. Tous les membres du conseil municipal, successivement intimidés, n'auraient accepté les fonctions de maire qu'à la condition de ne pas célébrer le mariage fatal ! Force fut donc au couple menacé de venir s'établir à Ajaccio pendant six mois, pour y acquérir domicile légal et obtenir du maire de la ville chef-lieu la célébration tant désirée. Vain espoir ! À peine le bandit eut-il appris que sa proie allait lui échapper, il s'empara d'un proche parent du fiancé, l'entraîna dans les bois et le força, le poignard sur la gorge, de faire révoquer, pour prix de sa vie, la déclaration de domicile obtenue par les fiancés qu'il voulait empêcher de s'unir. Le mariage n'a pas eu lieu. Ce bandit écrivait officiellement aux autorités sur une espèce de papier à en-tête orné de deux stylets en sautoir, soutenus par une carabine entourée de balles. Il a son timbre et ses emblèmes, comme le *Bulletin des lois* » (A.-J. Blanqui, *Rapport sur l'état économique et moral de la Corse*).

Ces bandits d'honneur ont leurs grands noms. Antoine Bonelli est l'un des plus célèbres. Réfractaire à la loi militaire, il prend le maquis dans les environs de Bocognano, accompagné de son frère. Caché dans son repaire de Pentica, il échappe pendant quarante années aux incessantes recherches de la gendarmerie. Gracié par le président Carnot, il s'en retourne à Bocognano où il finit ses jours tranquillement : « Il passe ses journées assis sur une chaise, au seuil de sa porte, la pipe à la bouche et vêtu du traditionnel costume de velours noir » (J. Lorrain, *Heures de Corse*).

Si ces figures font généralement l'admiration de leur village, il n'en va pas de même

Page de gauche :
Dans le centre de Vivario, village réputé pour sa quiétude et sa douceur de vivre.

Ci-dessous :
Une bâtisse du quartier supérieur d'Olmeto ; on remarquera les murs faits de blocs de granit apparent, l'une des caractéristiques de l'habitat de l'au-delà-des-monts.

des malfrats dont la seule motivation est l'appât du gain. À la tête de leur bande, ceux-là font régner la terreur sur des communes entières. Ils sont prêts à tirer dès l'apparition de la moindre silhouette, ils rançonnent les habitants et se sentent dans chaque logis en territoire conquis. Ils sévissent surtout dans les villages de la Cinarca et du Sartenais, très rarement en Balagne ou dans le cap Corse. Pour quelles raisons ? Peut-être parce que les mœurs y sont par tradition plus vindicatives ; peut-être aussi que le « mauvais air » montant des plaines enfièvre les esprits et incite à la violence…

Répression et repentir

Les autorités, tout au long du XIXe siècle, tentent de lutter contre ce fléau. Les bandits sont activement recherchés ; les troupes de voltigeurs ratissent les villages à la recherche de la moindre information. Des récompenses sont promises afin de délier les langues et d'encourager à la délation. Le maquis est passé au peigne fin. Des mesures sont adoptées pour prévenir tout acte de violence. Les pouvoirs judiciaires locaux sont renforcés. Et si les villageois déposaient leurs armes à la maison commune ? Le second Empire franchit le pas et interdit le port d'armes. Il s'ensuit une levée de boucliers. Le ton monte dans les buvettes ; les rues et les places grondent… Il importe aussi de sortir les villages de leur isolement. Leurs difficultés d'accès ne renforcent-elles pas le sentiment d'impunité des bandits ? Ne leur permettent-elles pas de se constituer un territoire d'action où ils règnent en maîtres avec leurs complices ? La création de routes et de chemins facilement praticables, voilà qui devrait contrarier sérieusement leurs affaires. Favoriser le contact entre les populations, n'est-ce pas aussi le moyen de casser des traditions aussi anciennes que pernicieuses ? Car il est des villages, à l'image de Vivario, où la violence n'a jamais sévi, ou si peu : que leurs habitants transmettent leurs bonnes mœurs à leurs voisins et la paix s'établira enfin. La IIIe République redouble de persévérance. La criminalité baisse, mais des bandits répandent toujours la terreur. À l'aube du XXe siècle, François-Marie Castelli est le maître de Carcheto : ses assassinats vident les maisons… Bartoli de Palneca sévit dans les environs de Pila-Canale et se joue des policiers entre 1928 et 1931. Surtout, le légendaire Spada défraie la chronique. Originaire de Lopigna, il terrorise la Cinarca. Il nargue policiers et journalistes jusqu'à son arrestation en 1933. Détail non négligeable, il porte un crucifix en pendentif. Car il semble bien que ces hommes aient toujours vécu avec l'espoir du salut. Telle est l'opinion de l'abbé Galletti, auteur d'une enquête sur les mœurs et l'histoire de la Corse à la fin du XIXe siècle : « Les bandits qui avaient porté la désolation et la mort dans tant de familles, et qui avaient jeté la terreur dans certaines contrées de l'île, ces scélérats, qui ont souillé leur âme dans les crimes les plus atroces, conservaient encore quelque crainte de Dieu, et ils espéraient vivre assez vieux pour avoir le temps de se repentir et obtenir le pardon de leurs méfaits » (*Histoire illustrée de la Corse*). Un village apporte la preuve de ce trait de caractère : c'est celui de Piazzole, en Castagniccia. La très belle porte sculptée de son église serait l'œuvre, dit-on, d'un bandit sujet au repentir. En mai 1774, recherché par la gendarmerie, il se cache dans les combles de l'église et consacre ses jours à sa merveille. Outre Goliath et la décapitation de Jean Baptiste, on y reconnaît l'évocation du rachat. À Felce, c'est le tabernacle du maître-autel qui aurait été réalisé au couteau par un brigand torturé par sa conscience. À la fin de ses jours, Antoine Bonelli fera même partie d'une confrérie de pénitents de Bocognano... La foi n'est-elle pas une composante essentielle de l'âme corse et les villages ne sont-ils pas marqués de l'empreinte du sacré ?

Page de droite :
La porte de l'église de Piazzole a été entièrement sculptée par un bandit en repentance. La décapitation de Jean Baptiste, l'Eucharistie, la Rédemption, Goliath et la Jérusalem céleste y sont notamment représentés.

Chapitre 8

Le village et le sacré

Nombre de villages corses élancent leur clocher comme pour signaler aux alentours leur présence. Une croix accueille le visiteur à son entrée dans le bourg, une myriade de chapelles datant du Moyen Âge ou du bel âge baroque se dresse çà et là des tombes monumentales isolées ou regroupées à la périphérie des villages, des oratoires qui abondent le long des routes et des chemins. Le constat a la force de l'évidence : la religion est indissociable des villages corses.

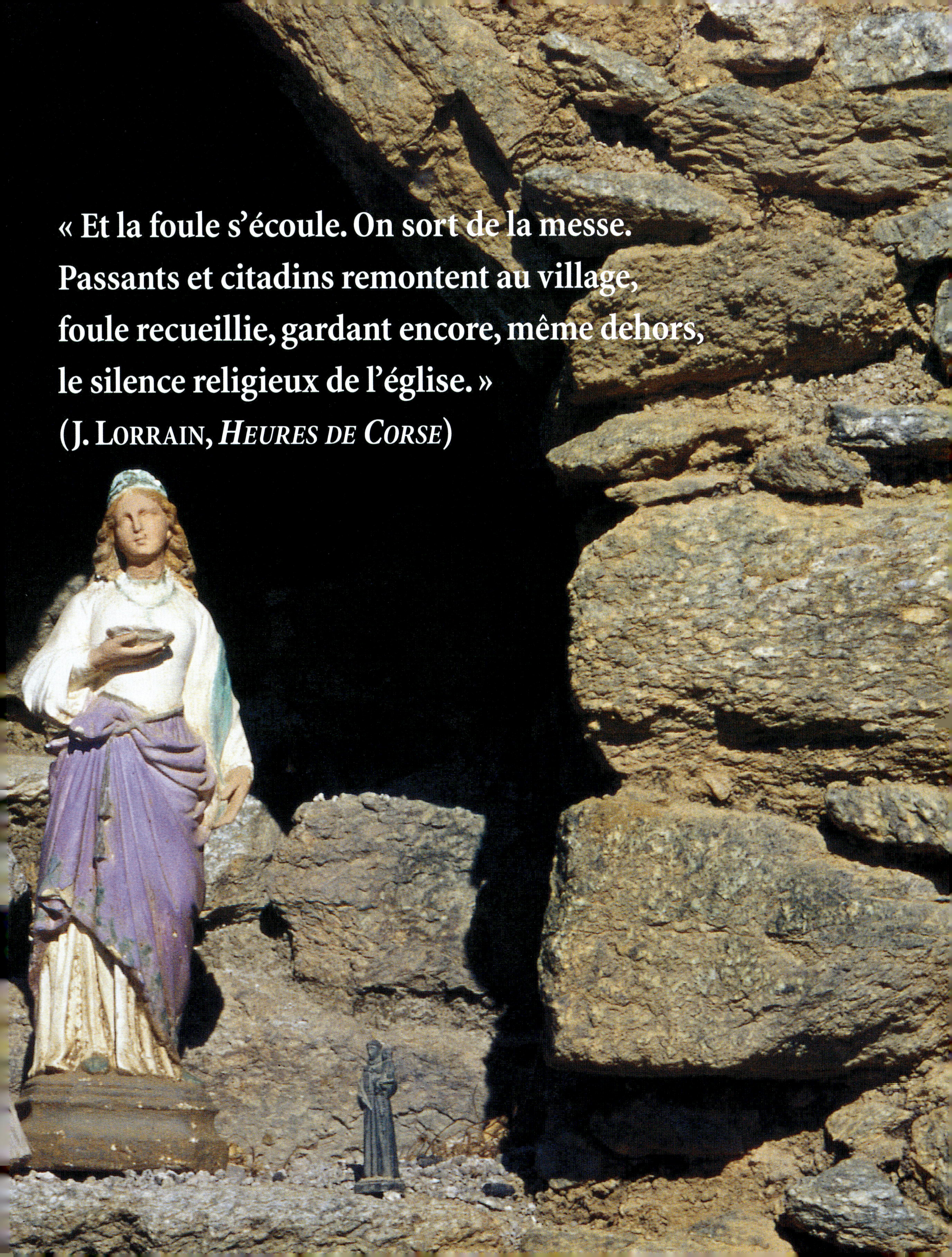

« Et la foule s'écoule. On sort de la messe.
Passants et citadins remontent au village,
foule recueillie, gardant encore, même dehors,
le silence religieux de l'église. »
(J. Lorrain, *Heures de Corse*)

Une profusion de sanctuaires

Si les villages corses frappent par leur belle austérité, ils étonnent aussi par leurs nombreux monuments religieux à l'admirable qualité architecturale. Les églises sont si abondantes en Balagne que cette contrée est communément appelée « Sainte Balagne ». Couvents et chapelles se remarquent partout. Comment expliquer un tel foisonnement ? Le christianisme pénètre très tôt la Corse. D'abord sous la tutelle de Rome, l'île est baptisée « Terre de saint Pierre » avant d'être placée sous l'autorité de l'évêque de Pise. À partir du IXe siècle, un dense réseau de sanctuaires est dressé : aucun hameau ne doit être laissé à l'écart. Perturbé par les incursions barbaresques et sarrasines, cet effort ambitieux se poursuit jusqu'à la fin du Moyen Âge. Le territoire est divisé en cinq unités administratives et religieuses, les piévanies. Tout aussi déterminant est le concile de Trente tenu au XVIe siècle, dont l'objectif est de contrer la Réforme et de donner à la foi catholique un nouvel élan. À l'initiative des Franciscains et des Jésuites, quantité de monuments religieux sont construits ou rénovés aux XVIIe et XVIIIe siècles. C'est ainsi que l'art roman et l'art baroque deviennent les deux grandes richesses des communes corses. Et ô combien sévère apparaît aujourd'hui cette description de l'économiste Adolphe-Jérôme Blanqui : « Les églises sont généralement d'une simplicité qui se ressent de la misère du pays. Leur aspect intérieur est nu, triste, délabré ; les murs n'en sont pas recrépis et portent, presque partout, la trace des échafaudages qui ont servi à les construire. La plupart manquent de bancs et ne se font remarquer que par d'horribles peintures représentant le squelette de la mort qui fauche impitoyablement toutes sortes de têtes, avec cette inscription philosophique et lugubre : *Nemini parco*, je n'épargne personne » (*Rapport sur l'état économique et moral de la Corse*). Certes, des édifices frappent par leur pauvreté et leur dépouillement, à l'exemple du petit sanctuaire d'Orneto, mais, dans leur ensemble, ces lieux saints ajoutent à l'éclat et à la distinction des villages. Ils sont leur touche de raffinement.

Double page précédente : **Vierge et croix protectrices nichées dans la façade d'une maison de Pietralba.**

Page de droite : **Le couvent Saint-François situé près de la marine de Scalo, en contrebas de Pino, fut construit en 1486.**

Ci-dessous : **À Favalello, la chapelle Santa-Maria-Assunta brille par la qualité de ses peintures murales. Les apôtres sont représentés côte à côte sur les murs inférieurs. La variété des coloris est remarquable : rouges tendres et profonds, ocre, jaunes...**

Roman et baroque

Églises et chapelles romanes sont de taille modeste. Elles comportent une nef unique et une abside voûtée en cul-de-four. Les parois sont presque aveugles, percées d'un simple

L'église Saint-Pierre-et-Saint-Paul, à Piedicroce, construite en 1691, est l'un des plus beaux édifices de style baroque de Corse. Ses murs sont ornés de nombreuses peintures murales illustrant des scènes bibliques : ici, la rencontre de Jésus avec Pierre et André sur la rive du lac de Tibériade.

oculus ou de fenêtres très étroites. Certaines constructions témoignent de l'art roman pisan, style particulier à la Corse et parvenu à maturité au XIIe siècle. Avec leurs murs polychromes, les sanctuaires d'Aregno et de Murato en sont deux illustrations ; en effet, si la Trinité mélange blocs sombres et pierres d'un jaune lumineux, San Michele présente une alternance irrégulière de serpentine vert sombre et de calcaire blanchâtre : « Non loin d'ici, à Murato, dans une sauvage et magnifique campagne cernée de collines d'un vert qui fait songer à un velours usé, il y a une église très ancienne et d'une simplicité étonnante. Elle est toute blanche, rayée horizontalement de bandes vert-de-gris foncé. [...] Cette église si riche et si pauvre, si belle et si sévère, se dresse au soleil couchant, toute seule au milieu des collines dénudées, un peu comme une âme devant Dieu » (J. Green, *Journal*). Des motifs sculptés ornent les frises. Si la représentation de la faute originelle est facilement identifiable, d'autres figures intriguent. Ainsi, dans la partie supérieure de la façade de la Trinité, à Aregno, un personnage s'extrait une épine du pied : est-ce l'image de l'homme immobilisé par son péché ? Et ces deux figures monstrueuses trônant des deux côtés de l'entrée de Saint-Pierre-et-Saint-Paul de Lumio, sont-elles des représentations du démon destinées à frapper les fidèles ? D'autres détails s'entourent de mystère, comme ces deux statuettes visibles à Aregno et Murato : l'une ressemble à une femme vêtue d'une longue robe, l'autre figure un homme tenant sur ses genoux les textes de la Loi. D'après la tradition orale, il s'agirait

des portraits des seigneurs qui aidèrent à la construction de ces édifices. Mais certains spécialistes affirment qu'elles sont une allégorie du pouvoir judiciaire détenu par les ecclésiastiques dans les piévanies ; cette hypothèse serait confirmée par d'autres motifs : la main tranchée des voleurs, celle qui déroule le *volumen* de la Loi et les ciseaux qui coupent la langue des calomniateurs…

Il faut toujours pousser la porte de ces petits édifices, car ils ont leur beauté intérieure. Beaucoup, notamment dans le Bozio, à l'est de Corte, recèlent d'étonnantes peintures murales. Parmi les sites les plus spectaculaires, citons Saint-Nicolas à Sermano, Saint-Thomas à Pastoreccia, Sainte-Marie à Favalello, Sainte-Christine à Valle-di-Campoloro… Œuvres d'artistes locaux, la plupart datent du XVe siècle. Elles montrent le Christ en majesté entouré de saints et d'apôtres ; des scènes de la Passion sont aussi représentées. La palette des couleurs est exceptionnelle et la plupart des spécialistes s'accordent pour reconnaître une tradition picturale propre à la Corse dans laquelle transparaissent les influences du Piémont, de la Ligurie et de la Toscane…

Les édifices baroques se montrent beaucoup moins discrets. En ces temps de Contre-Réforme,

Page de gauche : L'une des peintures murales de l'église de Cateri réalisées au XIXe siècle par Giuseppe Marchesi, artiste de Belgodère.

Ci-dessus : La façade de la chapelle de la Trinité, à Aregno, avec ses deux statuettes énigmatiques et son bel appareillage de granit polychrome.

Ci-dessous : Sur la façade de l'ancienne église Santa Catarina à Speloncato ; cet édifice abrite aujourd'hui la mairie, l'école et le bureau de poste.

REGINA SINE LABE CONCEPTA 1852

la volonté de l'Église est bien de les rendre plus séduisants afin d'attirer les fidèles en nombre : il faut prendre le contre-pied du rigorisme protestant – d'ailleurs, la religion réformée s'est introduite dans l'île et le petit village d'Aullène s'enorgueillit d'un temple. Partie de Bastia, alors résidence des gouverneurs génois, la réaction gagne très vite l'ensemble du territoire. Toutefois, elle touche surtout le cap Corse, la Balagne et la Castagniccia. Rien de surprenant à cela : dans ces contrées sont alors établies les familles les plus puissantes ; elles seules peuvent aider le clergé à financer ces œuvres ; certains de leurs membres sont même missionnés à Bastia pour recruter architectes et maîtres maçons. Clochers et campaniles ne tardent pas à s'élancer avec audace et élégance. Celui de l'église Saint-Jean-Baptiste, à La Porta, est le plus spectaculaire : percé de niches et d'ouvertures, orné de pointes

Ci-dessus :
Ce linteau à tête sculptée se remarque sur l'une des façades de Cateri ; sans doute avait-il aussi une fonction protectrice.

Ci-contre :
Fixer une croix sur la porte d'entrée de la maison, n'est-ce pas le moyen le plus sûr de se prémunir contre l'intrusion des mauvais esprits ? Cette coutume est très ancrée dans certains villages corses, à Piedicroce par exemple.

Double page précédente, à gauche :
La Vierge de la petite église de Monacia-d'Orezza.

À droite :
Dans le cimetière de San-Giovanni-di-Moriani.

Page de droite :
Située au cœur du village de Nonza, colorée et dotée d'un vaste perron, l'église Sainte-Julie fut construite au XVIe siècle.

Ste JULIE

La Santa du Niolo a trouvé refuge dans l'église de Casamaccioli. Cette Vierge à l'Enfant, sculptée dans le bois, daterait, selon la tradition, du XVe siècle.

de diamant et de volutes, il se dresse sur cinq étages. À Verdèse, le clocher est la fierté des habitants ; une plaque rappelle qu'il ne put être élevé qu'avec le concours de tous les villageois. Les façades attirent le regard. Avec leurs teintes rosées ou ocrées et leurs contours soulignés de blanc, elles tranchent sur la grisaille des bâtisses avoisinantes. Telle est l'impression produite par Sainte-Julie de Nonza. Elles adoptent des lignes courbes, s'ornent de volutes, de colonnes et de chapiteaux. Quant aux intérieurs, ils resplendissent de couleurs et de dorures : trompe-l'œil en marbre, décors peints, retables, tableaux, grands christs blancs et d'un réalisme douloureux, anges musiciens, orgues polychromes… Il suffit de pénétrer dans l'église Saint-Pierre-et-Saint-Paul à Piedicroce pour se laisser éblouir.

Cette profusion et une telle richesse surprennent l'abbé Gaudin en visite à Casamaccioli : « L'église était propre et bien ornée comme elles le sont dans tous les villages de la Corse. Il y a lieu de s'étonner des dépenses que supportent les communautés pour cette espèce de luxe, qui est le seul qu'elles connaissent ; on le pardonnerait s'il n'y avait que l'église paroissiale ; mais dans tous les villages on trouve à côté de l'église un oratoire qui n'est pas moins vaste, où s'assemble la confrérie, et dont les ornements sont encore plus recherchés, sans compter plusieurs chapelles répandues dans les environs, toutes tenues avec propreté, et dont l'entretien doit être une charge très pesante pour un peuple aussi pauvre » (*Voyage en Corse…*).

Plus originale encore apparaît Cargèse, l'ancienne colonie grecque. Deux églises se font face, l'une romaine, l'autre orthodoxe. La première se dresse, lumineuse. Si la seconde se montre plus sévère, sa décoration intérieure surprend : un jubé de bois orné d'icônes peintes, partout des visages d'apôtres et de vierges très colorés et expressifs… En dépit de leurs différences, elles « s'entendent chanter les mêmes louanges, au même Dieu, sur des tons différents » (R. Bazin, « Quatre beautés de la Corse »).

Tous ces sanctuaires, en plus de leurs qualités architecturales et artistiques, occupent une place de choix dans l'espace communal. De leur extraordinaire densité naît l'impression qu'ils veillent sur les villages. Couvents et chapelles siègent le plus souvent à leur périphérie. Élevées à leur extrémité, les églises se dressent pareilles à des avant-postes. Trônant en leur cœur, elles apparaissent comme des points de ralliement. Cette position centrale est surtout choisie pour les villages formés de plusieurs hameaux, à l'exemple de San-Giovanni-di-Moriani. Pourtant, à en croire les histoires rapportées par la tradition orale, le choix d'une telle situation n'allait pas de soi. À Morsiglia, on dit que les habitants des hameaux de Sundinchi et de Pecorile se sont longtemps déchirés à ce sujet ; chaque nuit, les pierres nécessaires à la construction de l'église étaient déplacées par l'un ou l'autre camp en fonction de son intérêt. Il en fut de même à Casamaccioli. Ces deux querelles s'achevèrent lorsqu'une position équidistante fut finalement retenue. Quoi qu'il en soit, cette forte présence de l'architecture sacrée va de pair avec un bel épanouissement de la piété populaire.

Des âmes pieuses

La piété est une composante essentielle de l'âme corse. Il suffit pour s'en convaincre de déambuler dans les ruelles de Piedicroce ou de Verdèse : quelques portes sont ornées d'une petite croix de bois. De nombreux dictons populaires témoignent de la foi des populations : « Qui cherche Dieu, Dieu trouve », « Qui vit mal meurt mal », « Celui qui ne fait pas le mal ne craint pas le mal »... La punition divine est redoutée et les légendes sont là pour en rappeler la menace en cas de faute : près de Tralonca existe un hameau abandonné du nom de Zuccarellu ; l'histoire raconte qu'il fut déserté au Xe siècle suite à l'assassinat du curé par un villageois ; au lendemain de ce crime odieux, les fourmis avaient ravagé les cultures, obligeant la population à l'exode... Que chacun veille donc à se détourner de la tentation !

Faire le bien, tel semble être le but de la fameuse et puissante secte des Giovannali au XIVe siècle : établie en l'église Saint-Jean-Baptiste de Carbini, elle prône le partage des biens matériels et l'égalité de tous les individus, quel que soit leur sexe. Son influence s'étend bientôt à toute l'île, et la papauté, inquiète du rayonnement de cette communauté hérétique, ne tarde pas à prononcer son excommunication.

Autrefois très présents dans les villages, les prêtres et les confréries ont exercé une grande influence sur les consciences. Ils ont ainsi fortement ancré l'idée du partage communautaire : l'entraide villageoise et le secours aux plus démunis sont une réalité. La pratique religieuse est respectée, même si elle semble plus le fait des femmes que des hommes : « J'ai remarqué, pendant les offices des jours fériés, comme

Sur les voûtes de cette même église, la représentation de la Nativité.

Si de nombreux sanctuaires corses se distinguent par leur éclat, certains, à l'image de la chapelle de Cassano, frappent par leur atmosphère intimidante : ces christs suppliciés et ces innombrables statuettes au visage recueilli ou endolori ne peuvent qu'impressionner les fidèles.

un fait digne d'observation, le nombre infiniment petit des assistants du sexe masculin, comparé à celui des femmes » (A.-J. Blanqui, *Rapport sur l'état économique et moral de la Corse*). Lorsque l'assistance à la messe dominicale est nombreuse, alors naît réellement l'impression d'une communauté villageoise forte et unie. Il faut imaginer ces hommes et ces femmes, chacun de leur côté dans la nef, dignes et recueillis : « À l'église d'Oletta où j'entends la messe, le dimanche, les hommes se tiennent au fond, près de la porte, absolument immobiles. On ne les entend pas, mais ils sont là, un peu comme des arbres, ils ont cette dignité qu'ont les arbres. Ce sont sans doute les êtres les plus mystérieux que j'aie connus. On a l'impression que ce village est sacré en bloc, comme une seule personne » (J. Green, *Journal*). Des hommes dont les chants ajoutent à la grandeur du recueillement dominical ; c'est la beauté de la messe *a paghjella*, l'une des traditions corses les plus authentiques.

Culte de la Vierge, des saints et des morts

Le culte de la Vierge connaît une belle intensité. À Pancheraccia, elle serait apparue à une fillette au XVIIIe siècle. Chaque année, elle est honorée en procession, comme à Loreto et Lavasina d'ailleurs. Dans ce dernier village, lors de la célébration de la Nativité, le 8 septembre, les femmes font même le trajet jusqu'au sanctuaire les pieds nus. Mais c'est la Santa du Niolo, à Casamaccioli, qui est fêtée avec le plus de ferveur. L'histoire de cette Vierge à l'Enfant a la force de la légende : au XVe siècle, un capitaine, sauvé d'un naufrage grâce à l'intercession de Marie, en fait don au couvent de la Selva. Ce sanctuaire est saccagé par des pirates et les moines s'enfuient en prenant soin d'emporter leur miraculeuse et si vénérée madone. Où vont-ils se réfugier – car plusieurs lieux souhaitent accueillir ce joyau ? La statue est juchée sur un âne : où l'animal s'arrêtera, elle restera. Cette terre élue, c'est Casamaccioli. Depuis lors, chaque 8 septembre, la Santa est adulée : elle est portée en procession dans toutes les ruelles du village, suivie d'une interminable foule de fidèles. Cette cérémonie attire des pèlerins de tous les alentours : ils arrivent de la Castagniccia, de la Balagne, du Cruzzini, de la Cinarca…

La dévotion populaire honore aussi les saints. On s'en remet d'abord à sainte Lucie et saint Antoine, patronne et patron de la Corse. On implore saint Roch pour protéger les troupeaux : de grandes bénédictions de cochons ont lieu le 16 août à Moncale, Zilia et Calenzana. Saint Pancrace est vénéré par les bergers, saint Érasme par les marins et les pêcheurs… Grâce à leur saint tutélaire, quelques sources sont réputées pour leurs vertus thérapeutiques : c'est ainsi que la fontaine dédiée à sainte Julie, en contrebas de Nonza, guérit les maux d'yeux. À Pietralba, ainsi que dans bien d'autres bourgs de l'au-delà-des-monts, les murs des habitations se creusent de petites niches pour accueillir des statuettes de vierges ou de saints. Et quantité de villages reçoivent sans discontinuer la visite des « montreurs de saints » : ces hommes, d'origine italienne pour la plupart, s'en vont de localité en localité présenter

INRI

leurs médailles votives aux paysans. Cette vénération excède quelques prêtres, ceux-là reprochant à leurs paroissiens d'être plus superstitieux que religieux.
Il est vrai que les âmes corses sont enclines aux anciennes et mauvaises croyances. Le « mauvais œil », l'*occhju*, est redouté. Ces petites croix fixées aux portes des maisons, c'est peut-être le moyen d'empêcher l'intrusion des forces maléfiques. À Guagno, les habitants les ont confectionnées avec les débris du grand calvaire de bois élevé en 1837 et réputé miraculeux. Tout aussi répandus sont les fers à cheval et les cornes de chèvre dont les pointes sont prêtes à crever l'*occhju*. Peut-être ces têtes sculptées sur quelques linteaux des maisons de Cateri ont-elles aussi pour mission de conjurer le mauvais sort ? Si les entourages des portes et des fenêtres sont parfois blanchis, c'est non seulement pour dissuader moustiques et autres insectes de s'immiscer dans le logis, mais aussi pour détourner les influences néfastes. Et chaque village a sa *tenidora*, cette femme mi-sorcière mi-voyante douée de pouvoirs surnaturels : si elle sait jeter les sorts, elle sait aussi les lever…
Les fêtes votives sont nombreuses, avec leur procession et leur grande messe. Alors l'église et ses abords connaissent une belle effervescence, comme Jean Lorrain le constate à Ucciani : « Impossible d'entrer dans l'église : la foule, tassée à ne pas y jeter une épingle, reflue, refoulée au dehors. Une vingtaine de femmes prient sous le portail, à genoux sur les marches. Au-dessus de leur foulard de soie, à peine distinguons-nous une marée de têtes encapuchonnées, et, dans le clair-obscur du maître-autel piqué de cierges, les lentes allées et venues d'un clergé alourdi de chasubles d'or. Toutes les femmes ont soigneusement caché leurs cheveux, une ferveur odorante les courbe vers l'autel, des chants profonds traînent en psalmodies. C'est l'atmosphère espagnole, mais les abords de l'église sont ceux d'un pardon de Bretagne. Couchés, assis du côté de l'ombre, tous les hommes sont là, les garçons surtout, venus pour voir les filles à la sortie de la messe. Ils devisent entre eux sous le feutre à larges bords, en lourds souliers ferrés, le bâton à la main, et attendent patiemment le passage des femmes. Quelques-uns grattent des guitares. Le parapet de pierre, qui domine le ravin, a été respectueusement laissé aux vieillards » (*Heures de Corse*).
La célébration de la Nativité voit les villages briller de mille feux. Lanternes et flambeaux illuminent rues et foyers. Pour rien au monde on ne manquerait la traditionnelle messe de minuit. Sur la place de l'église, un grand feu est allumé autour duquel toute la communauté se rassemble. Mais c'est la semaine sainte qui déclenche le plus de passion. Judas et Ponce Pilate sont conspués avec force lors du *Campanacciu*, ce bruyant charivari : « La population ici est tellement croyante, si passionnée surtout ! me confie Tavera. Croyez-vous qu'à la semaine sainte, pendant qu'on lit l'Évangile de la Passion, au passage des Juifs, lorsque Ponce Pilate se lave les mains et livre Jésus à Caïphe, tous les hommes poussent des hurlements, soufflent dans des cornes de bœufs, démolissent les bancs à coups de bâtons. Et c'est un vacarme de huées et d'injures effroyables à l'adresse des bourreaux du Christ. Des Espagnols, ou plutôt des Arabes, avec tout le fanatisme sensuel et démonstratif des races africaines » (J. Lorrain, *ibid.*). Aujourd'hui encore, les communes restent, lors de cette occasion, le théâtre de spectaculaires cérémonies collectives. Chaque vendredi saint, le *Catenacciu* anime les bourgs

Page de gauche :
La simple entrée du cimetière de Loreto-di-Casinca.

Ci-dessous :
Une croix du cimetière de Sainte-Lucie-de-Tallano : la figure sculptée à sa base a-t-elle pour mission de veiller sur l'âme du défunt ?

du Sartenais : un pénitent encagoulé, dont seul le prêtre connaît l'identité, revit la Passion de Jésus. Ce même jour, d'autres communes se consacrent à la *Granitola* : sur la place de l'église, les fidèles se rassemblent en spirale autour d'une croix supportant le Christ supplicié ; une forme géométrique qu'ils font et défont à trois reprises, images du trépas et de la résurrection. Il convient de préciser que le terme *granitola* désigne le bigorneau ou l'escargot, animaux symboles de vie pour les peuples païens.

Mais c'est à leurs morts que les villageois vouent le plus grand respect. La preuve en est : dans quelques communes, la *Granitola* se forme autour du monument aux morts et non autour d'une croix. Quant aux familles, elles n'ont de cesse d'honorer leurs parents décédés. Longtemps, elles refusent de les inhumer au *campusantu*, le cimetière communal, comme les obligent les décrets de 1789 et 1830. Dans le cap Corse, la Balagne, la Castagniccia ou la région d'Ajaccio, elles préfèrent leur élever de somptueux tombeaux aux allures de chapelles sur des parcelles privées aux abords des villages ; ils siègent toujours à proximité de la route, comme pour ne pas les exclure du monde des vivants. Quel contraste avec la simplicité de la maison familiale ! Ces monuments ostentatoires sont bien la preuve de l'importance du culte que les familles vouent à leurs morts. Dans d'autres communes, on préfère toujours l'*arca*, cette sépulture collective située sous l'église ou à son immédiate proximité. À Zevaco, on procède ainsi jusqu'en 1914. N'est-ce pas l'assurance de placer les défunts sous la protection divine ? Qu'il s'agisse de tombes communes établies près d'un sanctuaire ou de tombeaux particuliers à l'architecture soignée, l'objectif est le même : rappeler aux vivants leurs devoirs spirituels envers les disparus ! Car cette solidarité est une réalité dans la communauté villageoise corse. D'anciens usages le prouvent : à Aregno et à Calenzana, le curé présidait à la collecte d'huile ; quelques jarres recueillaient l'« huile du purgatoire » ; les recettes de leur vente permettaient de commander des messes en l'honneur des trépassés et de limiter ainsi leur temps de souffrance.

Tombes monumentales érigées le long de la route menant à Centuri.

Déclin ou regain ?

« Pourquoi
nous as-tu quittés ?
Pourquoi
ne veux-tu plus
demeurer avec nous ? »
(Vocero corse)

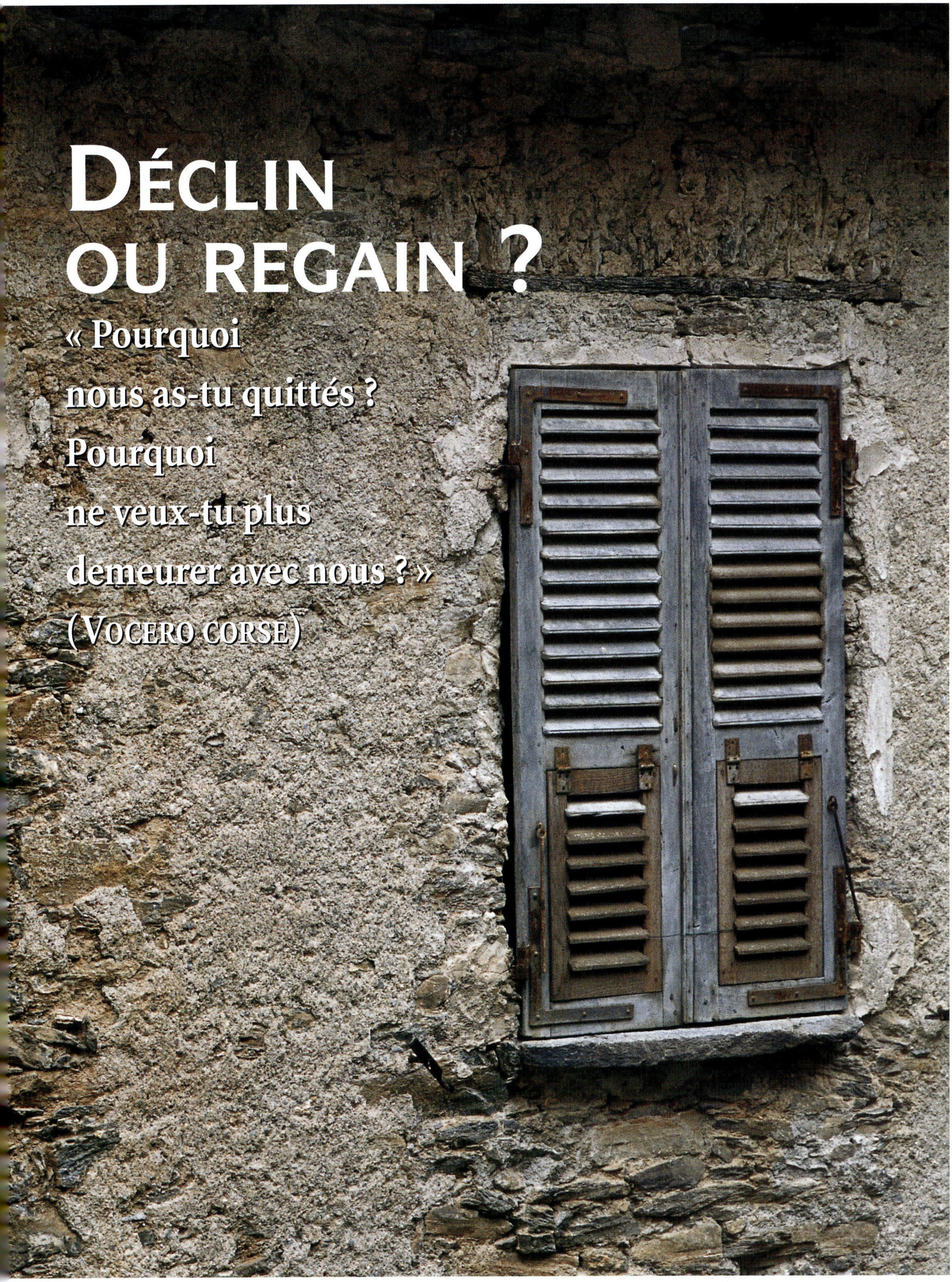

Dès l'aube du XXe siècle, les villages corses connaissent des temps difficiles. Beaucoup de leurs habitants les quittent ; les uns vont à Bastia ou à Ajaccio, les autres s'exilent sur le continent. Pourquoi une telle désaffection ? Ce phénomène est d'autant plus surprenant qu'il intervient après une période marquée par une forte expansion démographique ; celle-ci a débuté dans les dernières décennies du XVIIIe siècle. Les communes de Castagniccia atteignent leur apogée vers 1850. D'autres localités, à l'exemple de Lévie ou de Serra-di-Scopamène, enregistrent leur plus grand nombre d'âmes en l'année 1901. Pour l'ensemble de la Corse, entre 1796 et 1870, la population s'accroît de près de soixante-dix pour cent. En fait, cette croissance spectaculaire sonne le glas de nombreux villages. Elle provoque un déséquilibre avec les ressources offertes par le système économique agropastoral alors en place. L'élevage, l'olivier, la vigne, la châtaigne, les chèvres et les moutons ne suffisent plus aux besoins des habitants. La partition des terres communes, amorcée en 1793, aboutit à un morcellement extrême des parcelles et donc à leur non-rentabilité. De plus, la libre pâture des troupeaux dégrade trop souvent les récoltes et n'encourage pas à l'effort ; et remettre en cause ce droit coutumier, c'est nuire à l'activité des éleveurs. Paysans et bergers les plus pauvres n'ont alors d'autre choix que de quitter leur village pour tenter leur chance ailleurs. À cela s'ajoutent des phénomènes conjoncturels catastrophiques : dans les années 1870-1880, le phylloxera ravage les vignes. Le « mauvais air », par le biais des transhumances et des migrations saisonnières, gagne les hauteurs... Le cataclysme de la Grande Guerre assène le coup fatal. Calenzana, par exemple, pleure cent trente-cinq de ses enfants ! Les bras manquent cruellement pour la mise en valeur des sols.

Tout se conjugue pour nuire à la vie des familles et des villages. L'« ailleurs » devient donc de plus en plus attirant.

Les chiffres parlent d'eux-mêmes : la Castagniccia, région la plus riche de l'île et donc la plus peuplée, voit sa densité démographique diminuer régulièrement tout au long du XXe siècle : elle était encore de soixante-dix habitants au kilomètre carré en 1901 ; aujourd'hui, elle atteint à peine les vingt-huit habitants au kilomètre carré. Non seulement la population diminue, mais elle vieillit aussi : la moitié a plus de soixante ans ! Et tient-on toujours boutique au village ? Une récente étude est édifiante : sur les deux cent soixante-treize villages corses, cent trente-deux n'ont même plus une seule échoppe, leurs habitants étant condamnés à attendre le passage de la camionnette de l'épicier itinérant. Les villages les plus en souffrance sont bien ceux de la montagne : la Castagniccia, bien sûr, mais aussi l'Alta Rocca, le massif du Cinto, le haut Taravo...

Si l'allure extérieure de ces villages n'a guère changé, leur vie intérieure n'est plus ce qu'elle était. Rares sont ces assemblées loquaces sur la grande place. Les maisons gardent leurs volets clos à longueur de journée. Les parcelles sont en friche, leurs murets de soutènement s'écroulent. Où sont les hordes d'enfants ? Et combien d'écoles ont dû fermer leurs grilles ?

Page de gauche :
Rogliano conserve d'émouvants signes de sa grandeur passée : ruines castrales, tours, églises...

Double page précédente :
Dans le hameau d'Orneto, à Velone.

Page de droite :
Ruelle menant aux vestiges de l'ancienne forteresse de Speloncato.

Où peut-on voir ces « costumes de velours noir des fêtes carillonnées et des beaux dimanches, ces cavalcades de mulets, ces paysannes dans leur éternelle robe de deuil, chevauchant à nu comme des hommes » que décrivait Jean Lorrain ? Il y a bien ici une silhouette fuyante, là un homme en train de couper du bois... Partout des chiens et des chats couchés, parfois une vache errante... L'ambiance est bien maintenant à la paix. Heureusement, l'honneur ne conduit plus à de sanglantes tragédies ! Il resurgit parfois au hasard de broutilles. Un habitant de Piana, exaspéré de voir son tas de pierres diminuer nuit après nuit, défie l'audacieux par le biais d'un panonceau de carton sur lequel il écrit : « Ô toi, voleur de pierres ! Si tu es homme, montre-toi ! » Le dessin d'un couteau ajoute à la force du message...
À parcourir des rues désertes, on se prend soudain à avoir peur pour ces villages : subiront-ils le sort d'Occi ou de Lumisgiana, c'est-à-dire l'abandon ? Sont-ils condamnés à une lente agonie et à une mort certaine ? Vont-ils connaître la tristesse de voir leurs toits se crever et leurs murs se lézarder ? Se dégraderont-ils à l'exemple de Roquani qui, à la fin du XIXe siècle, présentait un bien triste visage ? « C'est toujours le même fouillis inextricable de portes et d'escaliers, le même pêle-mêle de ruelles, la même fantasmagorie architecturale. Seulement les portes sont devenues si vieilles qu'elles ne tiennent pas debout, les escaliers si usés qu'ils tremblent sous le poids d'un enfant, les ruelles si défoncées qu'on s'y casse le cou. Les maisons sont un peu tassées, s'éventrant, des contre-escarpes les soutiennent, vieilles femmes appuyées sur des béquilles. Aux murs s'est attachée la lèpre noire des ans ; les ardoises des toits s'envolent comme des feuilles de papier à la moindre bourrasque. Par-ci par-là, une bâtisse neuve qui réjouit la vue, quelques gouttes de sang dans ce grand corps qui se détruit. Décidément, ce n'est plus qu'un cadavre » (J. Monti, *Gennera*).
Un tel pessimisme n'est toutefois pas de mise. Tout d'abord, l'attachement des Corses à leur village reste une réalité. Même si les uns ont préféré s'installer à Bastia ou à Ajaccio, même si les autres sont partis sur le continent ou pour d'autres pays, la plupart retournent au bercail dès qu'ils le peuvent. La douleur de l'exil et la nostalgie du foyer perdu meurtrissent toujours leur âme :

« Hélas, fils oublieux de la grande nature,
Nous avons esquissé, vers les bleus continents,
Le fragile départ d'illusoire aventure
Aux villes de misère où se perdent nos chants. »
(A. Nicolai, *Les Villages corses*)

C'est ainsi que beaucoup de localités de l'intérieur reprennent des couleurs chaque été. Ces liens semblent indéfectibles. Un médecin a même récemment confié à l'historienne

Dorothy Carrington le cauchemar qui hante régulièrement ses nuits chaque fois qu'il s'éloigne de son village pour un temps trop long ; il le voit détruit par une catastrophe, tantôt un incendie, tantôt une inondation ou un tremblement de terre... Ensuite, si les villages de montagne souffrent, ceux des plaines et du littoral profitent de l'essor des activités touristiques. N'est-il pas significatif que Monacia-d'Aullène, autrefois simple gîte estival de plaine pour les bergers, soit aujourd'hui plus peuplé que son ancienne commune mère, Aullène ? Surtout, quelques villages montrent la voie de la renaissance. À cet égard, Lama est exemplaire. Voilà un lieu victime d'un terrible désastre le 27 août 1971 ; un incendie détruit l'oliveraie, sa richesse principale et séculaire : trente-six mille oliviers calcinés ou réduits en cendres, la plupart multicentenaires ! Ce drame, tout le monde en est alors persuadé, sonne la mort du village. Soixante-dix habitants seulement lui restent fidèles. Les bâtisses n'ont plus leur belle assurance et les ruines se font chaque année plus visibles. Quelques bonnes volontés refusent ce destin funeste ; elles lancent un ambitieux programme de restauration. Pierre après pierre, les murs retrouvent leur assise. Dalle après dalle, galet après galet, les ruelles reprennent leur cours sinueux. Une résurrection pleine d'authenticité ! Quinze hectares sont de nouveau réservés aux oliviers et la vieille meule d'un moulin a repris ses rondes. La population a doublé. Pour redonner vie et notoriété à ce joyau, le Festival européen du cinéma et du monde rural attire cinq mille visiteurs chaque année en août. Tout aussi intéressant est le cas de Pigna, discret village de Balagne. Là fourmille tout un petit monde d'artisans dans la plus pure tradition corse. Parcourir ses venelles, c'est rencontrer des luthiers, des ébénistes, des sculpteurs, des céramistes... autant de talents perpétuant les gestes des anciens. Tous sont revenus au village avec la louable et ferme intention d'enrayer son déclin. Grâce à leur volonté et à leur dynamisme, Pigna est maintenant une étape obligée pour qui séjourne en Corse. Cette petite cité vit aussi au rythme de ses animations musicales. Un ancien enclos a été transformé en amphithéâtre et accueille en juillet un festival de chant, le Festivoce. La Casa Musicale invite à la découverte et à la création artistiques.

Et si le chant des villages retentissait de nouveau ? Souvenons-nous que la vie d'autrefois était bercée de complaintes : les jours de fête avec leurs joutes poétiques, le battage des épis encouragé et rythmé par la voix des « appeleurs de l'aire à blé », les polyphonies de la messe dominicale, les lamenti des jours de deuil... Faut-il se contraindre au silence aujourd'hui ? Sermano refuse de se taire et les chants à trois voix résonnent encore dans son église. Quant à d'autres villages, ils renouent avec les croyances et les rites d'autrefois comme pour assurer leur protection et leur survie. C'est ainsi que Valle-d'Orezza, au cœur de la Castagniccia, honore saint Georges en procession le 23 avril de chaque année. À Pancheraccia, la Vierge est toujours vénérée avec la même ferveur que jadis. Cette empreinte sacrée n'est-elle pas la plus belle promesse de salut et d'éternité ?

Page de gauche :
Speloncato tout en majesté.

Bibliographie

ANDREANI-PERALDI (Katty), *Visages de la mort en Corse dans le roman du XVIIIe siècle à nos jours*, Ajaccio, Alain Piazzola, 1995.
ARDOUIN-DUMAZET (Victor-Eugène), *Voyage en France. La Corse* [1898], Genève/Paris, Slatkine, 1982.
ARRIGHI (Paul), *Le Livre des dictons corses*, Toulouse, Privat, 1987.
BLANCHARD (Raoul), *La Corse*, Grenoble, J. Rey, 1927.
BLANQUI (Adolphe-Jérôme), *Rapport sur l'état économique et moral de la Corse*, Paris, W. Coquebert, 1838.
BOREL-LÉANDRI (Jean-Marie), *Architecture et vie traditionnelle en Corse*, Paris, SERG, 1978.
BOURDE (Paul), *En Corse* [1883], Marseille, Jeanne Laffitte, 1983.
CARRINGTON (Dorothy), *Mazzeri, finzioni, signadori. Aspects magico-religieux de la culture corse*, Ajaccio, Alain Piazzola, 1998.
GALLETTI (abbé Jean-Ange), *Histoire illustrée de la Corse*, Paris, Éditions de Paris, 1863.
GAUDIN (abbé Jean), *Voyage en Corse et vues politiques sur l'amélioration de cette île* [1788], Marseille, Jeanne Laffitte, 1978.
LEFÉBURE (Christophe) et REPÉRANT (Dominique), *Villages perchés de France*, Paris/Grenoble, Arthaud, 1999.
PAPADACCI (Élie), *L'Île de Beauté et ses poètes*, Ajaccio, Imprimerie Siciliano, 1984.
PIEVE E PAESI, *Communautés rurales corses*, Paris/Marseille, CNRS, 1978.
STEIN (Annick) et AMET (Jean-Pierre), *Maisons de Corse*, Paris, Hazan, 2001.
« Corse, les plus beaux villages », *Géo*, n° 293, juillet 2003.
Vieilles maisons françaises, n° 162, avril 1996.

Œuvres littéraires citées

BAZIN (René), « Quatre beautés de la Corse », *L'Illustration*, 1911.
DAUDET (Alphonse), *Paysages gastronomiques* [in *Contes du lundi*, 1893], Paris, Le Livre de Poche, 1983.
DAUPHIN (Fernand), *Les Allégresses*, Paris, Le Divan, 1922.
DUMAS (Alexandre), *Les Frères corses* [1844], Ajaccio, La Marge Édition, 1988.
FLAUBERT (Gustave), *Pyrénées-Corse* [1840], Paris, Gallimard, 2001.
GIDE (André), *Journal* [1887-1950], Paris, Gallimard, 1997.
GIOVANNI (André), *L'Offrande à la Corse*, Paris, Albatros, 1985.
GRACQ (Julien), *Lettrines* [1967], Paris, José Corti, 1989.
GREEN (Julien), *Journal* [t. V : 1956-1972], Paris, Gallimard, 1977.
LA MORANDIÈRE (Charles de), *Au cœur de la Corse. Le Niolo*, Paris, Desfossés, 1933.
LORENZI DE BRADI (Michel), – *La Corse inconnue*, Paris, Payot, 1928.
– *Veillées corses – Santa Lucia*, Paris, Larousse, 1930.
LORRAIN (Jean), *Heures de Corse* [1905], La Rochelle, Rumeur des âges, 1999.
MAUPASSANT (Guy de), – *Un bandit corse* [1882], Paris, Pocket, 1997.
– *Le Bonheur* [1884], Paris, Le Livre de Poche, 1988.
– *Histoire corse* [1881], Paris, Pocket, 1997.
– *Une vie* [1883], Paris, Gallimard, 1974.
MÉRIMÉE (Prosper), – *Colomba* [1840], Paris, Le Livre de Poche, 1983.
– *Notes d'un voyage en Corse* [1840], Plan-de-la-Tour, Éditions d'aujourd'hui, 1976.
MONTI (Jérôme), *Gennera* , A. Ghio, 1884
MURACCIOLE (Jacques), *Mon Village,* cité dans *L'Île de beauté et ses poètes* d'Élie Papadacci, Imprimerie Siciliano, 1984.
NICOLAI (Antoine), *Les Villages corses*, cité dans *L'Île de beauté et ses poètes* d'Élie Papadacci, Imprimerie Siciliano, 1984.
PONSON DU TERRAIL (Pierre-Alexis), *Les Bandits* [1852], Ajaccio, La Marge Édition, 1992.
VUILLIER (Gaston), *Les Îles oubliées*, Paris, Hachette, 1893.
WELLES (Jacques d'), « Six jours en Corse », *L'Illustration*, 1930.

Pour plus de renseignements :
contacter Information service au 08 25 15 01 20 (0,15 €/min.)
Éditions Privat
BP 73621
31036 Toulouse Cedex 1

Cet ouvrage a été achevé d'imprimer en septembre 2006
sur les presses de l'imprimerie **SOLER**, à Barcelone (Espagne).
Photogravure : **QUAT'COUL**, Toulouse (31).
Imprimé en Espagne.

Double page suivante :
Aregno essaie de retrouver ses richesses d'antan. C'est ainsi que l'élevage ovin s'y maintient et que le verger d'amandiers a retrouvé une partie de sa splendeur.

Index